**돈이 따르는 엄마
돈에 쫓기는 엄마**

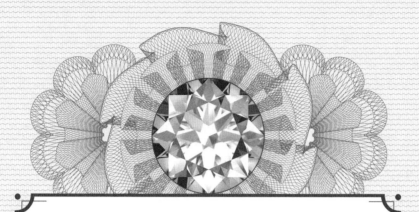

평생 돈에 구애받지 않는 법

돈이 따르는 엄마
돈에 쫓기는 엄마

고코로야 진노스케 지음 | 김한나 옮김

유노
라이프
LIFE

돈이 따르는 엄마는
무엇이 다를까?

이 책은 항상 돈에 쫓긴다고 생각하는 여러분께 '돈이 따르는 방법'에 관해 알려 드리기 위해 썼습니다.

사람들은 돈에 대해 이중적인 생각을 가지고 있습니다.

돈을 좋아하면 왠지 속물 같고 탐욕스러우며 품위 없어 보인다고 느끼면서도, 한편으로는 갖고 싶어 합니다. 그것도 몹시 갖고 싶어 하지만, 겉으로는 돈을 원하는 마음을 들키지 않으려 애씁니다.

돈에 전혀 관심이 없는 사람은 아무도 없을 것입니다. 예컨대, 고코로야 상담 교실에서 매달 개최하는 심리 세미나 'Being 트레이닝'에서 회원들에게 가장 인기 있는 주제는 바로 돈입니다.

이렇듯 돈은 정말로 모든 사람에게 탐나는 물건입니다. 많으면 많을수록 좋습니다. 주부, 회사원 등 여러 사람을 심리 상담해 봐도, '돈에 관한 문제, 돈에 관한 고민'은 빼놓을 수 없습니다. '돈만 있으면' 뭐든지 할 수 있다고 생각하는 경우도 많습니다.

저도 돈 때문에 고생한 적이 있습니다. 돈의 중요성을 뼈저리게 느꼈습니다. 하지만 지금은 금전 문제에 시달리지 않습니다. 어떻게 된 걸까요?

이 책에서 제가 직접 경험하며 찾아낸 '돈이 저절로 들어오는 방법'에 관해 들려 드리겠습니다.

사실 심리상담사인 제가 돈에 관한 책을 쓰는 것은 이번이 처음입니다. 그런데 착각하면 곤란합니다. 이 책은 돈을 모으는 방법을 알려 주지 않습니다. 이 책을 읽자마자 부자가 될 수 있는 것도 아닙니다.

하지만 엄마인 당신이 평생 돈에 구애받지 않는 인생을 보내고 싶다면, 이 책이 매우 유용할 것입니다(실제로는 부자가 될 수 있습니다. 다만 정확히 말하자면 부자가 되는 것이 이 책의 목적은 아니라는 뜻입니다).

"돈이 없으면 불안해."
"돈만 있으면 더 나은 생활이 가능할 텐데."
"왜 항상 생활비에 쪼들리는 걸까?"
"온라인으로 돈 잘 버는 엄마들을 보면 부러우면서도 화가 나!"

많은 사람들이 이런 식으로 돈 때문에 전전긍긍하거나 돈 많은 사람에 대한 편견을 갖고 있으면서 비뚤어진 심보로 세상에 불만을 표출합니다.

사실은 부러운 것입니다. 하지만 그러지 않아도 됩니다. 남을 부러워할 필요 없습니다. 당신도 돈이 필요한 만큼 저절로 들어오는 사람이 될 수 있습니다.

자, 지금부터 저와 함께 돈에 관해 생각해 보도록 할까요?
하지만 그 전에 한 가지 이야기해 둘 것이 있습니다.
서점에 가면 '부자가 되는 책'이나 '재테크 교과서', '어떻게 하면 돈을 벌 수 있을까?'와 같이 돈과 관련된 책이 잔뜩 진열되어 있습니다. 이런 책이 많다는 것은 돈에 관한 책이 인기가 있다는 뜻입니다. 즉, 돈에 관한 책을 읽는 사람이 많다는 의미입니다.

그렇다면 여러분은 그 책을 읽고 부자가 되셨습니까?

부자가 된 사람이 있기야 하겠지만, 부자가 되지 못한 사람이 훨씬 많으니까 돈에 관한 책이 계속해서 쏟아지는 것이 아닐까 싶습니다. 아마 이 책을 읽더라도 부자가 되지 못하는 사람이 분명히 있을 것입니다.

부자가 되는 책을 읽었는데 왜 부자가 될 수 없을까요?

그 이유는 부자가 되기 위한 '방법'만 알려 주기 때문입니다. '방법'만 익혀서는 부자가 될 수 없습니다. '본연의 자세'가 달라야 합니다.

사실은 '방법'보다 '본연의 자세'를 바꿔야 합니다. '돈이 없는' 사람은 정반대의 '본연의 자세'를 가지고 있다는 뜻입니다.

저는 늘 '방법'보다 '본연의 자세'가 중요하다고 강조합니다.

'Doing(=방법)'이 아닌 'Being(=본연의 자세)'.

'방법'을 아무리 배워도 성공하지 못하는 이유는 '본연의 자세'가 나빠서 그렇습니다. 그러므로 먼저 '본연의 자세'를 바꾸면 '방법'도 달라집니다.

여기서 '본연의 자세'란 매사를 대하는 '전제'를 말합니다.

일단 '전제(=사고의 기초)'를 바꿔 봅시다.

이 책의 목적은 바로 여러분이 전제를 바꾸는 데 도움을 주는 것입니다.

사람은 누구나 마음속 전제에 자기만의 '버릇'을 갖고 있습니다. 이를테면, 모든 일에 대해 금세 비관적으로 생각하거나 비뚤어진 시선으로 보게 되는 것이 한 예입니다. 자기도 모르게 항상 열심을 다하는 것이나, 매사 자신을 책망하는 것이나, 지나치게 낙관적인 탓에 남을 곧이곧대로 믿는 것 등의 행동들도 '버릇'의 예들입니다.

그렇다고 제가 이 버릇들이 나쁘다고 말하는 것은 아닙니다. 버릇은 있으면 좋습니다. 누구에게나 버릇이 있습니다.

그러나 그 버릇 때문에 사는 게 힘들어지거나 인생이 괴로워지거나 돈 문제로 고생한다면, 삶이 좀 더 편해지도록, 돈이 좀 더 들어오도록 버릇을 살짝 바꾸면 좋겠다는 뜻입니다.

오른쪽으로 너무 치우치면 왼쪽으로 살짝 이동시키고, 왼쪽으로 너무 치우치면 오른쪽으로 살짝 이동시키면 됩니다.

물론 그래도 전제가 바뀌지 않을 수도 있습니다. 그때는 전제를 바꿨을 때의 어떤 부분이 불만스러운지 '살펴보기'만 하면 됩니다.

이 책의 목적은 돈에 대한 마음의 전제를 바로잡고, 여러분의 전제에 변화가 생기기를 바라는 것입니다.

그러나 전제는 오랫동안 몸에 밴 버릇입니다. 한두 번 변화했다고 해도 금세 원래 상태로 되돌아갑니다. 또 익히 알고 있던 상식들과 정반대되는 경우도 많습니다.

따라서 저는 수시로 똑같은 말을 반복할 생각입니다. 이것은 일종의 훈련과 같습니다.

여러 번 반복해서 돈에 대해 한쪽으로 치우쳐 있는 전제를 바꿔나가는 훈련, 즉 '마음의 훈련'을 합시다.

그렇게 하면 돈에 대한 당신의 '본연의 자세'가 달라져서 돈을 들어오게 하는 '방법'에도 저절로 변화가 생깁니다. 돈에 휘둘리고 돈에 지배당하며 돈 때문에 불안해하거나 돈을 무서워하지 않아도 될 날이 반드시 올 것입니다.

그리고 어느 순간, 따로 애써 노력하지 않아도 돈이 충분히 생겨서 '돈에 구애받지 않는 사람'이 되어 있는 자신의 모습을 깨닫게 될 것입니다.

당신도 그런 사람이 될 수 있습니다.

고코로야 진노스케(心屋仁之助)

차례

2장
"돈에 시원시원한 엄마가 되어라"
돈 상식 살펴보기

3장
"인생을 행복하게 할 복리를 찾아라"
돈이 도는 법칙 깨닫기

4장
"누구나 부자 엄마로 살 수 있다"
돈이 들어오는 사람 되기

5장
"돈에 구애받지 않는 엄마가 행복하다"
돈이 들어오는 습관 만들기

1장

"돈은 아낄수록 사라지고 쓸수록 들어온다"

: 돈에 대해 다시 생각하기

엄마가
돈에 더 쪼들리는 이유는
무엇일까?

여러분, 돈이 필요하신가요? 저도 마찬가지입니다.

그런데 돈이 생기면 어디에 쓸 생각인가요? 무엇을 사는 데 쓰고 싶어서 그토록 많은 돈이 필요한가요? 여러분은 갖고 싶은 물건이 있으니까 돈이 필요하다고 할 것입니다.

그러면 도대체 그 돈을 써서 무엇을 얻고 싶은가요?

해외여행을 가고 싶은가요?

명품 가방이나 옷을 사고 싶으세요?

비싼 프렌치 요리를 날마다 먹고 싶은가요?

멋진 자동차?

전신미용?

최고급 고기 뷔페?

…

잘 알겠습니다.

그러면 물건을 구입해서 무엇을 얻으려고 했나요?

명품 가방을 사거나 전신미용을 해서 얻을 수 있는 것은 도대체 무엇인가요?

돈이 많으면, 좋아하는 물건을 구입할 수 있고 호화로운 요리를 먹을 수 있습니다. 모든 사람들이 떠받들어 주고 원하는 장소에도 갈 수 있습니다. 또 매장 점원이 귀한 손님으로 대접해 줘서 마음속이 만족감으로 가득 찹니다.

그러면 마음이 안심되지요.

우리가 정말로 원한 것은 사실 돈 자체가 아니라 돈이 많을 때의 안도감입니다.

'돈이 있다'는 것은 '선택할 수 있는 자유'가 있다는 뜻입니다. 다시 말해, 참지 않아도 되고, 마음대로 해도 상관없으며, 하고 싶은 일을 할 수 있는 기쁨을 누릴 수 있습니다. 원하는 것을 얻지 못하고 참을 수밖에 없었던 서러움과 비참한 기분, 후회를 더 이상 느끼지 않아도 됩니다.

만약 그렇다면, 참으로 자유롭고 만족스러울 것입니다. 자신이 하고 싶은 일을 실컷 할 수 있다면 무척 기쁘지 않을까요?

돈에 대한 집착을 버려라

실제로 지금 당신이 일상생활 속에서 만족하며 자유를 느끼고 있나요? 그렇다면 아마 돈 따위는 별로 생각할 필요도 없을 것입니다.

'돈을 갖고 싶은 마음이 굴뚝같다.'
'돈이 없으면 불안해 죽겠다.'
'늘 돈 생각이 머릿속에서 떠나지 않는다.'
'돈 때문에 항상 화가 나고 남들과 대립하거나 싸운다.'

이런 식으로 돈에 지배당하는 일은 없겠지요. '돈이 없다', '무섭다', '불안하다', '무시당한다'고 생각하지도 않을 것입니다. 이미 자신은 자유롭기 때문입니다.

'나에게는 돈이 없다'는 생각이 앞서는 탓에 '나는 자유롭지 않다'고 느낍니다.

따라서 반대로 '돈이 있다', '돈은 들어온다'고 인식하면 자유로워질 수 있습니다.

더구나 이런 생각은 자기 스스로 결정할 수 있습니다.

이렇듯 자기 자신에게 이미 '돈이 있다'고 인식해서 안심할 수 있다면, 돈에 대한 집착이 사라질 것입니다. 그러면 신기하게도 전혀 돈에 구애받지 않게 되고, 또 실제로도 돈이 끊임없이 들어와서 결국은 '갖고 싶다'는 마음도 줄어들게 됩니다.

서로 반대되는군요.

'갖고 싶어 하니까 들어오지 않는다.'
'갖고 싶어 하지 않으면 들어온다.'

모든 것이 서로 반대입니다.

아직 잘 이해할 수 없겠지만, 세상은 그런 구조라고 이해해 두세요. 혹시 지금까지 전혀 몰랐다면, 지금은 '아, 그렇구나' 하고 인식하기만 해도 됩니다.

돈이 따르는 엄마의 마음 습관 _____

'나에게 돈이 없다'는 생각이 앞서는 탓에 '나는 자유롭지 않다'고 느낀다.

반대로 '돈이 있다', '돈은 들어온다'고 인식하면 자유로워질 수 있다.

더구나 이런 생각은 자기 스스로 결정할 수 있다.

수입이
많으면
자신감이 생길까?

우리는 자신에게 뭔가가 '있다'고 느끼면 '안도감'을 가집니다. 그리고 이 안도감을 바꿔 말하면 '자신감'이라고 할 수 있습니다.

안도감의 정도가 높으면 높을수록 자신감의 정도도 높아집니다. 자신감의 정도가 높으면 불안한 마음이 줄어들어서 돈이 없어도 무섭지 않습니다.

비록 돈은 없더라도 자신에게는 뭔가가 '있으니까' 모두가 인정해 주고 친절하게 대해 주며 안심할 수 있다고 생각합니다. 이 생각이 다시 자신감을 높여 줍니다.

대부분의 사람들은 이렇게 말합니다.

"아니요, 아무것도 없습니다."

하지만 그저 모르고 있을 뿐입니다.
실제로 '진실'을 깨닫고 변화한 사람들은 하나같이 이렇게 말합니다.

"아무것도 없다고 생각했지만 사실은 있었습니다."

그렇습니다. 돈, 풍족함, 애정, 자유, 매력, 능력 등은 모든 사람이 갖고 있는 것입니다.
지금은 단지 '모르고 있을' 뿐입니다.
지금은 단지 '눈에 보이지 않을' 뿐입니다.
돈(풍족함)은 공기와 마찬가지로 '눈에 보이지 않지만 확실히 있는' 존재입니다.

자신감은 돈이 아닌 안도감에 비례한다

우리는 자신에게는 뭔가가 '있다', 돈이 없어도 '어떻게든 된다', 돈이 없어도 '끄떡없다'고 생각할 수 있습니다. 그러면 분명히 돈에 대한 집착이 사라져서 돈이 필요한 만큼 들어옵니다. 공기는 언제든지 들이마실 수 있다는 사실을 알고 있기 때문에 숨을 참지 않아도 괜찮은 것처럼 말이죠.

사실은 아무것도 걱정할 필요가 없습니다. 자신이 자유롭다는 사실을 깨달으면 반드시 풍족해질 수 있습니다. 요컨대 '숨을 들이마셔도 된다', '숨을 내뱉어도 된다'고 무의식적으로 깨닫고 있는 상태와 마찬가지입니다.

자신감의 정도는 풍족함의 정도, 즉 수입의 정도(돈이 들어온다는 사실을 알고 있는 정도)입니다.

이와 반대로 자신감이 없는 사람은 '돈이 없으면 큰일 난다', 다시 말해, '열심히 노력하지 않으면 돈이 들어오지 않는다'고 생각하는 탓에 늘 불안해합니다.

불안해서 돈을 갖고 싶어 합니다.
불안해서 돈에 매달리려고 합니다.
불안해서 돈이 들어와도 쓰지 못하고 모으기만 합니다.
돈을 모으고 또 모아도 불안해합니다.

돈이 아무리 많아도 부족함을 느낍니다(돈이든 사랑이든 모으기만 하면 사라집니다).

즉, 자신감의 정도는 수입과 같습니다. 자신감은 안도감의 정도입니다. 안도감이란 마음이 '열린' 상태를 말합니다.

정리하면 다음과 같습니다.

수입=자신감의 정도=안도감(마음이 열린 상태)의 정도=자신이 인정하는 자신의 '존재(=가치).'

결국 수입은 자기 스스로 결정한 것입니다.

돈이 따르는 엄마의 마음 습관 _____

공기가 항상 '있다'는 사실을 알고 있기에 숨을 참지 않아도 된다.

언제든 숨을 들이마시고 내뱉어도 된다.

돈이 항상 '있다'는 사실을 알고 있다면 돈 때문에 걱정할 필요가 없다.

언제든 필요할 때 쓰면 필요할 때 들어온다.

돈에 목매는 한
결코 생활비가
풍족해질 수 없다

수입은 전적으로 스스로 인정한 자신의 가치, 즉 자신이 결정합니다. 그런데도 이렇게 말하는 사람이 많습니다.

"저는 주부라서 애초에 수입이 없습니다."

"수입은 제가 아니라 회사가 결정합니다. 인사부가 평가한다고요."

"우리는 아르바이트하는 곳의 점장이 내 시급을 결정해요."

"파견 회사의 급료는 계약한 시점에서 정해집니다."

잠시 생각해 봅시다.

돈은 월급과 똑같은 것인가요? 돈은 오직 월급이나 아르바이트 급여만을 말할까요?

'돈=급여=현금'으로 한정하면, 현금을 아무리 많이 모아도 만족할 수 없습니다. 마음은 '물질'만으로 풍족해지지 않으니까요.

이제 앞에서 설명한 내용을 다시 생각해 보세요.

당신은 마음의 안도감과 풍족함을 원하지 않았습니까?

마음의 안도감과 풍족함을 돈으로 얻을 수 있다고 생각해서 돈이 갖고 싶은 것은 아닌가요?

여기서 말하는 돈은 좁은 의미에서의 현금으로 한정하면 안 됩니다. '돈에 수반되는' 풍족함과 안도감이라고 생각하기 바랍니다.

앞에서 말했듯이, 돈이 있어서 안심하는 것이 아니라 안심하니까 돈이 들어옵니다. 즉, 자신의 수입을 회사가 결정하는 것이 아니라 자신이 느끼는 안도감의 정도에 정확히 맞아떨어지도록 자신이 회사에게 액수를 결정하게 하는 것입니다.

이 책에서는 돈을 버는 '방법'이 아니라 돈에 대한 '대전제'를 이야기하고 있다는 사실을 반드시 알아 두기 바랍니다.

일단 돈을 상대하는 방법을 바꿔 봅시다. 그러면 현실에 들어오는 돈을 순환시키는 방법이 달라집니다.

돈에 대한 마음을 바꿔야 풍족해진다

아직 이야기하기에는 조금 이른 감이 있지만, 결국 현금도 들어옵니다. 큰소리로 '반드시'라고 말하기는 곤란하지만, 실제 사례가 많습니다.

제가 말한 대로 시험 삼아 해 봤더니 별안간 승진해서 회사의 급료가 올랐다거나, 한순간에 돈이 생겼다거나, 생각지도 못한 부모님의 유산이 굴러들어 왔다고 증언하는 사람들이 있듯이, '믿을 수 없는' 곳에서 풍족한 수입이 들어옵니다.

제 주위에는 이런 사례가 헤아릴 수 없이 많습니다. 하도 많은 탓에 고코로야 상담 교실의 회원들은 "아 또야?"라고 하며 아무도 놀라지 않습니다.

이 책의 목적은 돈을 버는 것이라기보다 돈에 대한 전제를 바꾸면 돈이 끊임없이 들어오는 효과를 얻을 수 있다는 것에 있습니다. 세상의 돈은 그런 구조로 흐르게 되어 있기 때문입니다.

돈은 '마음의 열린 정도'와 '안심도'를 나타내는 '지표'일 뿐입니다. 따라서 '현금을 갖고 싶다!', '돈=급여=현금'이라고만 생각하는 사람들은 제 이야기를 좀 더 경청하기 바랍니다.

그럼 계속해서 당신이 '상식 밖'이라고 여길 만한 현상을 한번 살펴볼까요?

돈이 따르는 엄마의 마음 습관 _____

돈을 현금으로 한정하는 한 월급의 크기에 목매게 된다.
월급에 목매는 한 죽어라 일만 하게 된다.
죽어라 일만 하는 한 결코 풍족함을 누릴 수 없게 된다.

엄마라는 역할에
돈을 매긴다면
얼마일까?

다시 앞에서 한 이야기로 돌아가 보겠습니다.

수입은 자신이 인정하는 자신의 가치에 비례합니다. '자기 스스로가 인정하는 자신의 가치'가 높으면 그만큼 높은 수입을 얻을 수 있습니다. 즉, 풍족함과 안도감, 그리고 결과적으로 현금도 더 많아지게 됩니다.

그럼 엄마로서 당신이 인정하는 자신의 가치는 어느 정도입니까?

다음 질문에 대답해 보세요.

아무 일도 하지 않는 당신은 이 사회에 기여하는 게 전혀 없는 존재입니다. 아무런 성과를 내지 못해서 남들에게 폐만 끼치고 잠만 자는 상태입니다.

자, 그런 당신이 매달 받을 수 있는 돈은 얼마일까요?

다시 말하자면, 자신이 갓난아기나 거동이 불편해서 누워 있는 환자와 같은 상태라고 생각하면 됩니다.

그런 자신에게 어느 정도의 가치가 있다고 생각하나요?

'어느 정도의 가치가 있는가?'가 아닙니다.

어느 정도의 가치가 있다고 '생각하는가?'입니다.

이 사고방식이 자신이 인정하는 '자신의 가치'입니다.

그리고 그 자신의 가치를 구체적으로 나타내는 지표가 바로 '존재급(存在給)'입니다.

아무것도 할 수 없고, 쓸모없으며, 가진 것이 하나도 없는 상태의 자신이 가지는 가치가 '존재 가치'입니다.

그리고 자신의 존재 가치, 즉 전혀 쓸모없고, 밥만 축내며, 폐만 끼치는 자신이 받아도 되는 수입이 '존재급'입니다.

1장
"돈은 아낄수록 사라지고 쓸수록 들어온다"

존재급을 높게 매겨라

자, 이제 당신은 그런 자신에게 어느 정도의 가격을 매길 수 있습니까?

월 200만 원?
월 500만 원?
월 1,000만 원?

제가 주최하는 세미나에서 같은 질문을 해 보니, 0원이라고 말하는 사람이 꽤 많았습니다. 그렇다면 그 가격이 그 사람이 생각하는 자신의 가치입니다.

0원이라고 말한 사람은 쓸모없는 자신의 가치를 0원이라고 생각하며, 200만 원이라고 말한 사람은 쓸모없는 자신의 가치를 200만 원이라고 생각합니다.

자신에게 스스로 인정해 주는 정도의 가치가 당신이 생각하는 자신의 '기본급'입니다.

'존재급(기본급)'이 낮은 사람은 자신의 가치가 낮다고 여기므로(즉 자기 자신에 대한 자신감이 없는 탓에) **좀 더 노력해서 가치를 올리려고 합니다**(성과급).

　그래서 어떻게든 도움이 되려고 하고, 남들에게 호감을 얻으려고 하거나 기쁨을 주려고 하며, 성과를 올리려고 하거나, 남을 위해 애씁니다. 그렇게라도 하지 않으면 미안한 마음에 돈을 받지 못합니다.

　'이런 쓸모없는 내가 그냥 돈을 받다니 당치도 않아.'
　'하지만 열심히 노력한 만큼은 받아도 된다.'
　'그렇기 때문에 노력하지 않으면 돈이 들어오지 않는다.'
　'혹시라도 돈을 먼저 받으면 어떻게든 그 돈에 적합한 가치를 제공하려고 기를 쓴다.'
　'그래서 열심히 노력한다.'
　'좀 더 힘을 낸다.'
　'하지만 자기 스스로 가치를 인정하지 못한다.'
　'그래서 돈이 들어오지 않는다.'
　'그래서 더 열심히 노력한다.'
　'또다시 힘을 낸다.'

1장
"돈은 아낄수록 사라지고 쓸수록 들어온다"

자신의 가치를 낮게 인정하는 사람은 이와 같은 악순환이 끝없이 되풀이됩니다.

돈이 따르는 엄마의 마음 습관 _____

아무것도 할 수 없고, 쓸모없으며, 가진 것이 하나도 없는 상태의 당신.
그런 당신이 스스로 부여한 자신의 가치는 얼마인가?
당신의 '존재급'은 얼마인가?

'존재급'이 높은 엄마는 돈에 연연하지 않는다

열심히 노력해서 성과를 내면 받을 수 있는 돈을 '성과급'이라고 합니다. '존재급'이 낮은 사람은 기본급이 낮기 때문에 열심히 노력해서 성과급을 올려야 합니다.

만약 '존재급'이 '0'이라면 풀 커미션(=완전 성과배분제), 즉 전액 성과급으로 살아야 합니다. 필요한 돈, 안심할 수 있는 정도의 돈을 전부 성과급으로 조달해야 한다는 생각으로 죽도록 노력하지만, 그래서는 몸과 마음이 다 망가지고 맙니다. 예전의 저처럼 말입니다.

아무리 죽도록 노력해도 애초에 자기 평가가 낮은 엄마라면 스스로 만족할 수 있을 정도로 평가받지 못하고 돈도 받을 수 없습니다.

그렇게까지 자신을 깎아내리지 않아도 됩니다.

도대체 언제부터 자신을 그렇게 깎아내렸을까요?

누구한테 무슨 말을 들어서 엄마인 자신에게 가치가 없다고 느끼기 시작했을까요?

누군가가 당신에 대해 '가치가 없다'고 평가했을지라도 그것은 그 사람의 생각일 뿐이며 그 사람이 멋대로 그렇게 느낀 것에 불과합니다.

더 이상 당신 스스로 자신이 '가치가 없다'고 생각할 필요가 없습니다.

존재급 인상은 내 가치를 올리는 일

자신의 '존재급'을 올립시다.

적어도 나 자신은 스스로에게 '존재급'을 높게 매겨 줘도 됩니다.

자신이 일하지 않더라도,

가치를 제공하지 않더라도,

아무것도 하지 않는 자신이라 해도,

'존재급'을 많이 받아도 된다고 생각을 바꾸기 바랍니다.

놀면서 잠만 자더라도 '나는 한 달에 50만 원을 받아도 된다', '나는 한 달에 100만 원을 받아도 된다'고 자기 자신을 '허가'합시다.

그러면 돈의 흐름에 변화가 생깁니다.

정말로 순식간에 달라집니다.

예전에 저는 제 가치를 월 100만 원 정도로 계산했습니다. 그래서 열심히 노력하며 돈을 잔뜩 모았습니다. 하지만 아무리 노력을 거듭해도 어느 수준 이상으로 돈이 늘어나지 않았습니다. 참으로 이상했습니다.

그런데 죽도록 고생하고 끊임없이 노력하다가 더 이상 힘을 낼 수 없을 정도가 되었을 때, '더는 못하겠다'고 단념했을 때, 문득 이 이상한 구조를 깨달았습니다. 그래서 노력을 중단하고 무작정 '나에게 가치가 있다고 생각하자'고 결정했습니다.

물론 결정한 그 시점에서는 아직 '노력하지 않는 내게도 가치가 있다'고 생각할 수는 없었습니다. 그래도 우선은 '가치가 있다고 믿기로' 했습니다. 그렇게 했더니 돈이 들어오기 시작했습니다.

역시 제 생각과 정반대였습니다.

열심히 노력해서 돈을 끊임없이 불리거나 줄어들지 않도록 하려는 탓에 오히려 돈이 줄어듭니다.

열심히 노력해서 성과급을 올리기보다 노력하지 않고 '존재급'을 올립니다.

아니, 노력하지 않으면 반대로 '존재급'이 올라갑니다.

요약하자면,

노력하지 않아도 됩니다.

그렇게까지 돈을 벌지 않아도 됩니다.

성과를 그다지 내지 않아도 됩니다.

매출에 공헌하지 않아도 됩니다.

도움이 되지 않아도 됩니다.

다른 사람을 기쁘게 하지 않아도 됩니다.

당신은 열심히 노력하지 않아도 충분히 사랑받고 인정받을 수 있기 때문입니다. 중요한 점은 '그렇게 무서워하지 않아도 괜찮다'는 것입니다.

돈에 초연하면 돈이 들어온다

'사실은 벌써 안심했다.'

'이미 혜택을 받았다.'

'사랑받고 있다.'

'풍족하다.'

'인정받고 있다.'

이처럼 자신이 무언가가 '되자'고 생각하기보다 '이미 되었다'고 깨달아야 합니다.

'언젠가 그렇게 돼야지'라고 생각하지 말고, 이미 이 순간에도, 어제도, 사실은 예전에도, 수십 년 후의 미래에도 계속 그 사실만은 달라지지 않는다고 깨달아야 합니다.

그렇게 자신의 가치를 인정하고 자기 자신의 '존재급'을 올립시다. 아니, 실제로 높다고 '인식'합시다. 그것만으로도 돈의 흐름이 크게 바뀝니다. 당장 할 수 없어도 상관없습니다. 지금은 아직 '그런가?' 하고 무심히 생각하기만 해도 됩니다.

리모컨이 작동하는 구조를 몰라도 채널은 내 마음대로 변경할 수 있습니다.

'사실일까?', '정말일까?' 하고 미심쩍게 여겨서 목이 부러질 정도로 고개를 계속 갸웃거리면서 '나는 이미 인정받았다', '가치가 있다'고 자신을 이해시키다 보면, 어느 날 갑자기 예상하지 못한 곳에서 돈이 들어옵니다.

저도 어느 날 갑자기 돈이 한 번에 들어왔습니다. 그러니 여러분도 순식간에 돈이 들어오기를 기대해 보세요.

엄마의 '존재급'을 올려서 돈에 대한 엄마의 '본연의 자세'에 변화를 줍시다.

그렇게만 해도 당신을 둘러싼 돈의 흐름이 바뀔 것입니다.

돈이 따르는 엄마의 마음 습관 ＿＿＿＿＿＿＿＿＿＿＿＿＿＿＿＿＿＿＿＿＿

일하지 않더라도, 아무 도움이 되지 않는다 할지라도,
'존재급'을 많이 받아도 된다고 생각을 바꾸라.
그러면 나를 둘러싼 돈의 흐름에 변화가 생긴다.

돈은
아끼기만 해서는
가치가 없다

돈이 노동을 하거나 사람을 기쁘게 하거나 무엇인가에 쓸모 있는 대가라고 여기는 한, 쉬지 않고 일해서 돈을 불리려고 합니다.

노동의 대가는 성과급을 의미합니다. 이처럼 돈을 노동의 대가나 성과급과 같다고 생각하면, 몸과 마음이 망가질 때까지 일할 수밖에 없습니다. 그래야 돈이 들어온다고 철석같이 믿기 때문입니다.

돈이 노동의 대가나 자신이 제공한 가치에 대한 보상이 아니라고 생각해 봅시다.

대신 돈을 아무 일도 안 하고 아무것도 제공하지 않으며 아무것도 바꾸지 않더라도 그런 자기 자신에 대해 얼마나 긍정하고 자신의 가치를 받아들이는지를 판단하는 지표라고 생각해 봅시다.

그러면 돈을 대하는 마음의 자세가 확 달라집니다.
그러면 돈의 흐름이 바뀝니다.

열심히 노력해서 좋은 일을 하고 남들에게 기쁨을 주려고 하기 전에, 자신은 아무 일도 하지 않고 놀기만 해도 자신이 원하는 만큼의 돈, 아니 '풍족함'을 받아들일 가치가 있다고 생각(인식)하기 바랍니다. 그렇게 여겼을 때 비로소 돈이 수중에 흘러들어 옵니다.

이 사실을 알면 아무리 돈을 펑펑 쓰고 누군가에게 계속 주더라도 두렵지 않습니다. 돈을 쓰면 쓸수록 마음이 더욱 풍족해질 것입니다.

어차피 자신에게 가치가 있기 때문입니다.
어차피 자신은 사랑받고 있기 때문입니다.
어차피 자신은 인정받고 있기 때문입니다.

그러면 돈은 더 기분 좋게 순환하기 시작합니다.

자기 스스로 자신의 가치를 믿을 수 있을 때, 자신은 아무 일도 안 하고 놀기만 해도 돈을 받을 수 있는 사람이라고 믿을 때, 자신은 이미 남에게 돈을 나눠 준 사람이라고 생각할 때, 당신은 풍족함에 둘러싸일 것입니다.

성과급이 아니라 '존재급'을 올리면 올릴수록 우리는 점점 풍족해집니다.

돈에 대한 여유는 내가 만든다

어디선가 '그런 건 믿을 수 없어!'라고 하는 소리가 들립니다. 그 이유는 오히려 '나에게는 그만큼의 가치가 없다'는 말을 믿기 때문입니다.

왜 그런 말을 믿을까요?

언제부터 그런 말을 믿기 시작했을까요?

누가 말했고, 또 어떻게 말했기에 그 말을 믿게 되었을까요?

아마도 어릴 때부터 들어 온 "말을 잘 듣는 아이한테만 세뱃돈을 줄 거야" 같은 말들일 것입니다. 이런 말들은 돈을 '대가'라고 생각하게 만듭니다.

오늘 지금 이 순간부터 '나는 아무 일도 안 하고 놀기만 해도 풍족함을 얻을 가치가 있는 사람이다'라고 믿어 봅시다. 아무것도 하지 않아도 세뱃돈을 받은 것처럼 말입니다.

믿을 수 없더라도 믿어 '봅시다.'
'풍족함을 얻어도 된다'고 말해 봅시다.

몇 번이고 끊임없이 반복하세요. 이것이 바로 '마음 훈련'입니다. 모든 것은 이 마음 훈련에서 시작됩니다.

돈이 따르는 엄마의 마음 습관 _____

스스로 자신의 가치를 믿을 수 있을 때,
아무 일도 안 하고 놀기만 해도 돈을 받을 수 있는 사람이라고 믿을 때,
즉, 성과급이 아니라 '존재급'을 올릴 때,
비로소 풍족해진다.

돈, 돈
하지 않는 엄마는
이것이 다르다

다시 한 번 말씀 드리는데, 돈은 결코 노동의 대가가 아닙니다. 고객을 기쁘게 한 숫자도 아니며 상품의 가치나 서비스의 질도 아닙니다. 노력에 따른 상이나 고품격 서비스를 제공하고 받는 보상도 아닙니다.

그런데도 지금까지 살아오면서 '돈은 노동의 대가'라는 말을 계속 들었을 것입니다. 그 말이 당연하다고 생각하는 사람, 또 어쩌다 열심히 노력해서 떼돈을 번 사람들이 그렇게 말하기 때문입니다.

하지만 똑같이 노력해서 좋은 것을 제공하는데도 돈이 들어오지 않는 사람이 많습니다.

이상하지 않습니까? 돈은 '아무런 도움이 되지 않아도 자기 스스로 받을 만한 가치가 있다고 여기는' 가치에 비례하기 때문입니다.

자기 스스로 '아무것도 없는 자신'에게 어느 정도의 가치를 매길까? 풍족함은 바로 그 가치에 비례합니다. 이를 알고 있는 사람은 일하지 않아도 풍족함을 마음껏 누릴 수 있습니다.

하지만 대부분의 사람들은 이 사실을 좀처럼 알지 못합니다. 돈은 자신이 일하고 받는 보수이므로 일을 해야 돈이 들어온다고 믿습니다.

으음, 이 편견을 뒤집었으면 좋겠군요. 안 그러면 돈은 평생 들어오지 않습니다. 지금 이 상태가 유지될 뿐입니다.

그러면 이렇게 한번 생각해 보세요.

부자 남편을 둔 아내는 돈을 많이 갖고 있습니다. 그럼 그 아내는 남보다 두 배로 일합니까? 갖고 있는 돈에 걸맞을 정도로 이른 아침부터 늦은 밤까지 죽어라 일하고 있습니까?

돈이 노동의 대가나 고객 만족, 열심히 노력한 보상이라고 한다면, 부자의 아내는 가난해야 합니다. 사회에 나가서 일하는 것이 아니니까요. 불특정 다수에게 기쁨을 주거나 서비스를 제공하는 것도 아닙니다. 가족을 위한 집안일조차 도우미에게 맡길지도 모릅니다.

그래도 이 아내는 부자입니다. 남편이 주는 돈을 당연하게 여기며 받기 때문입니다. "미안해요. 이렇게 돈을 받아도 괜찮아요?"라는 말은 꿈에서도 하지 않습니다. 자신이 돈을 이만큼 받아도 된다고 당연하게 생각합니다.

즉, 아내는 '존재급'이 높기에 부자인 것입니다.

돈이 들어오는 사람의 자세

돈에 구애받지 않는 사람이 되려면 자신의 가치를 스스로 인정해서 '존재급'을 올려야 합니다.

간단하지 않습니까?

오늘부터 시작할 수 있겠지요?

이 책을 읽는다면 지금 당장 시작하세요. '어차피 나한테는 가치가 있다. 아무 일도 안 하고 놀기만 해도 가치가 있다. 열심히 노력해서 성과급을 올리지 않아도 된다'고 생각하기 바랍니다.

이 생각만으로도 '존재급'이 올라갈 것입니다.

당장은 생각할 수 없더라도 괜찮습니다. 몇 번이고 자신에게 말해 보세요. 이는 편견을 고치는 훈련입니다. 끊임없이 반복합시다.

'어차피 나한테는 가치가 있다. 풍족함을 얻는 게 당연하다. 노력하지 않아도 된다.'

이렇게 자신에게 말하기만 하면 됩니다. 이것만으로도 풍족함이 찾아옵니다.

나머지는 '수입'이라는 지표를 살펴보면 됩니다. 만약 '수입'이 늘어나지 않았다면, 그것은 자신이 아직 스스로의 '존재'를 낮게 평가하고 있다는 사실을 알려 줄 '뿐'입니다.

돈이 따르는 엄마의 마음 습관 _____

지금 당장 생각하기 시작하라.
'나는 가치가 있다. 풍족함을 얻는 게 당연하다. 노력하지 않아도 된다.'
이 마음 훈련이 풍족함을 가져다 줄 것이다.

평생 돈에
구애받지 않는 법

- 돈이 있다는 것은 '선택할 수 있는 자유'를 얻었다는 뜻이다. 다시 말해, 참지 않아도 되고, 마음대로 해도 상관없으며, 하고 싶은 일을 할 수 있다는 기쁨과 안도감을 얻을 수 있다.

- 지금 당장 돈이 없더라도 '있다', '들어온다'고 인정하면 돈이 계속 들어오기 시작한다.

- 수입은 자기 스스로 인정하는 자신의 가치에 비례한다.

- 돈, 풍족함, 애정, 매력, 능력은 '없는' 것이 아니라 누구에게나 '있다.' 이 사실을 인정하는 것이 중요하다.

- 자기 평가가 낮으면 돈을 얻을 수 없다. 자기 스스로 자신의 가치를 인정하면 돈을 얻을 수 있다.

- 돈은 노동의 대가가 아니다. 열심히 노력하거나 뭔가를 제공해서 받는 보상이 아니다.

- '존재급'은 쓸모없고 폐만 끼치는 자신에게 부여한 가치를 나타낸다.

- 부자일수록 '존재급'이 높으며 자신은 당연히 풍족해진다고 생각한다.

2장

"돈에 시원시원한
엄마가 되어라"

: 돈 상식 살펴보기

돈을 나쁘다고
생각하면
돈이 들어오지 못한다

그렇다면 이제 돈에 대한 마음의 '전제'는 어떤지 살펴봅시다. 여러분은 돈에 대해 어떤 생각을 갖고 있습니까?

돈에 대해 애초 어떤 가치관을 갖고 있는지, 현재 자신의 마음 속에 있는 전제를 인식하는 일부터 시작합시다. 그것이 현재 '돈 문제'의 원인이기 때문입니다.

그럼 질문하겠습니다.

당신은 돈을 버는 일이 훌륭하다고 생각하나요?

아니면, 품위가 없거나 추접스럽다고 생각하나요?

편히 쉬며 돈을 버는 일은 좋은 일일까요, 나쁜 일일까요?

편히 쉬며 쉴 새 없이 돈을 벌어들이는 사람은 좋은 사람일까요, 나쁜 사람일까요?

이 질문에 대해 '훌륭하다', '좋은 일이다'라고 대답한 사람은 돈에 대해 긍정적인 가치관을 갖고 있습니다.

반면, 이 질문에 대해 '품위 없다', '나쁜 일이다'라고 대답한 사람은 돈에 대해 부정적인 가치관을 갖고 있습니다.

아마 부정적인 대답을 한 사람이 많을 것입니다. 이런 식입니다.

'편히 쉬면서 쉴 새 없이 돈을 벌어들인다니 말도 안 돼.'

'돈은 땀을 흘려 가며 고생해야 얻을 수 있어!'

'분명히 뒤에서 악랄한 수법을 썼으니까 많은 돈을 쉽게 손에 넣을 수 있었을 테지.'

'나는 그런 사람이 되고 싶지 않아….'

부정적인 대답과 긍정적인 대답이 일부 뒤섞인 사람도 있겠지요. 그런 사람은 다음 질문에 대답을 하면 부정파인지 긍정파인지 명확해집니다.

부정적 돈 가치관이 돈을 못 벌게 한다

옆집 엄마가 별로 하는 일이 없는데도 자신보다 더 많은 돈을 번다면, '멋지다! 나도 그런 사람이 되고 싶어'라고 생각하나요? 아니면, 화가 치밀어 오르나요?

어떻습니까? 아마 화가 나는 사람이 많을 것입니다.

실제로 화를 내는 사람은 돈에 대해 부정적인 가치관을 갖고 있습니다. '놀면서 돈을 버는 행동은 용서할 수 없다(나쁘다)'고 생각하기 때문입니다.

하는 일 없어 보이는데 높은 돈을 버는 엄마에 대한 평가를 통해 자기 자신이 가지고 있는 돈에 대한 가치관, 즉 마음의 전제를 알 수 있습니다. 회사에서 하는 일 없이 상사가 많은 돈을 받는다고 생각하는 부하 직원도 마찬가지입니다.

저는 현재 한 회사의 사장이기도 합니다. 그래서 일하지 않으면서도 많은 돈을 받아 가는 사람에 대해 잘 압니다.

사장의 업무는 놀기입니다. 이렇게 단언하면 오해가 생길 듯한데, 바꿔 말하자면 사장의 업무는 견문을 넓히는 일입니다. 다양한 방법으로 놀고 많은 사람들과 어울리며 두뇌 회전을 유연하게 하여 외부에서 배운 것을 회사 경영에 반영시키는 일이 사장의 주된 업무라고 할 수 있습니다.

사장이 회사 안에서 사원들만 주시하고 있으면 일하는 사람들이 귀찮아하고 방해물로 여깁니다. 그래서 밖에 나가 회사를 위해 견문을 넓히는 것입니다.

사원의 입장에서 보면 '놀기만 한다', '아무 일도 안 한다', '그런데도 사원보다 높은 급료를 받는다', '열 받는다'고 받아들일 수 있습니다. 그래도 이해하는 사람은 이해해 줍니다(그렇게 믿고 있습니다).

회사의 상사도 마찬가지입니다. 어쩌면 보이지 않는 곳에서 회사를 위해 당신의 이해를 초월한 공헌을 하고 있을지도 모릅니다.

그러나 여기서는 상사가 정말로 회사를 위해서 공헌을 하는지 하지 않는지는 중요하지 않습니다. 그런 일은 아무래도 상관없습니다. 그보다는 돈을 많이 버는 사람, 편히 쉬는데도 돈이 들어오는 사람, 부자에 대해 당신이 어떤 가치관(=마음의 전제)을 갖고 있느냐에 관심을 집중합시다.

'편히 쉬는데도 돈을 많이 버는 사람은 용서할 수 없다.'
'돈벌이는 품위가 없다.'

'돈은 추접스럽다.'

'돈벌이에만 매달리는 사람은 싫다.'

'이 세상에는 분명히 돈벌이보다 더 중요한 일이 있다.'

'열심히 노력한 사람만 돈을 많이 얻을 수 있다.'

이렇게 생각하는 한, 돈은 당신 가까이 다가오지 않을 것입니다. 다시 말해, 돈을 부정적으로 인식하는 사람에게는 돈이 모이지 않습니다. 돈이 모이는 것을 무의식적으로 거부하고 있는 셈이기 때문입니다.

고수를 매우 싫어하는 사람의 집에는 고수가 없습니다.

돈의 원리도 그와 같습니다.

돈이 따르는 엄마의 마음 습관 _____

혹시 무의식적으로 돈을 거부하고 있지는 않은가?

돈에 대한 자신의 전제를 파악하라!

고수를 싫어하는 사람의 집에는 고수가 없다.

돈의 원리도 그와 같다.

돈 때문에
아등바등하는
진짜 이유

돈에 대한 가치관은 어느 사회에 살고 있느냐에 따라 다릅니다. 일본인과 미국인을 비교해 보면 금방 알 수 있습니다.

먼저 일본인의 돈에 대한 가치관을 잘 알 수 있는 데이터를 소개하겠습니다. 후지노 히데토 씨가 쓴 《투자가가 '돈'보다 중요하게 여기는 것》이라는 책을 읽고 알게 된 내용입니다.

여러분은 일본인이 1년 동안 얼마나 기부하는지 알고 계십니까? 일본인 성인 남성의 1년 평균 기부액은 고작 2만 원!

이에 비해 미국인은 평균 130만 원정도 기부한다고 합니다. 이는 억만장자가 막대한 금액을 기부해서 전체 숫자를 끌어올렸기 때문이 아닙니다. 일부의 갑부를 제외한 일반 미국인이 기부한 금액의 평균값입니다.

미국에서는 일반인이라도 수입의 3퍼센트 정도는 기부하는 것을 당연하게 여긴다고 하는데, 일본인의 기부액은 수입의 고작 0.08퍼센트밖에 되지 않습니다.

또 다른 데이터도 있습니다.

하버드 대학교 졸업생들이 기부하는 금액은 연간 8,000억 원에 달합니다. 반면, 도쿄 대학교 졸업생들이 기부하는 금액은 그 40분의 1 정도인 연간 200~300억 원에 불과합니다.

일본인이 자신의 돈을 쓰는 것을 얼마나 아까워하는지 잘 알 수 있습니다.

'나는 손해를 보고 싶지 않다.'
'손에서 돈을 놓고 싶지 않다.'
'내 돈을 모르는 사람을 위해서 쓰고 싶지 않다.'

이것이 바로 일본인이 돈에 대해 가지고 있는 가치관입니다.

일본에서는 부자들이 그다지 기부하지 않는 탓에(알려지지 않은 것일 수도 있지만) 부자에게는 '억척스럽다', '돈만 부지런히 모은다', '뒤에서 비열한 수를 쓴다'는 등의 부정적인 이미지가 항상 따라다닙니다. 그래서 기껏 거액을 기부하고도 '이름 팔기 행위'라는 소리를 듣는 경우가 많습니다.

그에 비해 미국에서는 대부분의 성공한 사람들이 자선 활동을 하거나 막대한 금액을 기부합니다. 부자라고 하면 사회 공헌을 하는 사람의 대명사로 받아들여져서 억만장자는 대체로 존경을 받습니다. 이처럼 미국인은 부자나 돈에 대해 긍정적인 느낌을 갖고 있다는 사실을 알 수 있습니다.

출구가 없는 돈은 흐르지 않는다

돈에 대한 미국인과 일본인의 가치관 차이는 돈을 사용하는 방법에 대한 '전제'의 차이를 보여 줍니다.

일본인 중에는 어떻게 하면 '돈을 쓰지 않아도 될까', '손해를 보지 않아도 될까'를 생각하는 사람이 많습니다.

미국인 중에는 어떤 식으로 '돈을 쓸까', '돈의 출구'를 생각하는 사람이 많다고 할 수 있습니다.

이런 생각은 돈에 대한 가치관, 즉 '전제'를 결정적으로 드러내 줍니다.

우리는 왜 이렇게 돈을 모으려고만 할까요? 그 이유는 마음속에 '돈이란 쉽게 얻을 수 없는 것'이라는 전제가 있기 때문입니다.

지금까지 돈의 입구에만 신경을 썼다면, 이제 돈의 출구를 생각해 봅시다. 사고방식을 조금만 바꿔도 돈의 흐름이 바뀝니다. 이 책의 주제를 다시 한 번 생각해 봅시다.

'본연의 자세'가 달라지면 '방법'이 달라집니다.

돈의 출구, 사용 방법에 관해서는 뒤에서 좀 더 자세히 다루려고 합니다. 여기서는 일단 우리가 자신도 모르게 돈을 부정적으로 보기 쉽고 돈에 대한 자신의 가치관이 부정적일 수 있다는 사실을 알아 두기 바랍니다.

돈이 따르는 엄마의 마음 습관 _____

나는 왜 항상 가능한 한 돈을 쓰지 않으려 아등바등하고,
매사 어떻게 하면 조금이라도 손해를 보지 않을까 조바심을 낼까?
이 모든 것은 '돈이란 쉽게 얻을 수 없는 것'이라는 마음속 전제 때문이다.

돈은 쓰면
반드시
돌아온다

우리의 무의식은 돈을 부정적으로 여기는 경향이 있습니다. 이를테면, '돈은 쉽게 얻을 수 없다', '깨끗하지 못하다', '돈에 대해 이 래저래 말하는 것은 천박하다', '돈벌이는 품위가 없다', '부자는 나쁜 사람이다' 같은 선입견이 있습니다.

자신은 그렇지 않다고 생각할 수도 있습니다. 그러면 또 다른 질문을 하겠습니다.

당신은 '야비한 부자'와 '청렴결백한 가난뱅이' 중 어느 쪽이 좋습니까?

'야비한 부자'는 억척스럽고 인색하며 자기 자신만 생각하고 거만하게 굴거나 방약무인한데다 심지어 뒤에서는 비열한 수를 쓰는 사람입니다. 하지만 굉장히 많은 돈을 갖고 있지요.

'청렴결백한 가난뱅이'는 성품이 깨끗하며 올곧은 사람을 뜻합니다. 늘 남을 배려하고 사치를 부리지 않으며 정의를 위해 행동하고 유혹에 넘어가지 않고 긍지를 갖고 살아갑니다. 하지만 매우 가난합니다.

자, 당신은 어떤 사람이 되고 싶습니까? 파트너가 필요하다면 어떤 사람을 선택하겠습니까?

으음, 어렵네요. 물론 '청렴결백한 부자'가 가장 좋겠지요.

돈은 좋은 것일까? 나쁜 것일까?

그럼 또다시 질문하겠습니다.

만일 비열한 수를 써서 돈을 번 사람이 수십 억 원을 기부한다면, 그 사람은 좋은 사람일까요, 나쁜 사람일까요?

정당하지 못한 방법으로 얻은 돈이지만 불우 이웃을 돕기 위해 기부했으니 좋은 사람일까요? 아니면 돈을 번 수단이 좋지 않았으니 역시 나쁜 사람일까요? 좋은 사람? 나쁜 사람? 이것 참 헷갈리네요.

그러면 '청렴결백한 가난뱅이'는 좋은 사람일까요?

아마 대부분은 좋은 사람이라고 생각할 것입니다. 하지만 돈은 없습니다. 돈이 없어서 남을 위해 기부하거나 사회 공헌을 할 수 없습니다. 굶주린 사람에게 다정하게 말을 걸 수는 있겠지만, 실제로 돈을 사용하여 그 사람을 기아에서 구제해 주지는 못합니다.

'야비한 부자'는 돈이 있기에 마음만 먹으면 막대한 금액을 기부할 수 있습니다. 많은 사람을 기아에서 구제할 수 있으며 실질적으로 힘이 되는 사회 공헌을 할 수 있습니다.

과연 누가 좋은 사람이고 누가 나쁜 사람일까요? 아아, 역시 모르겠습니다. 머릿속이 혼란스러워지는군요.

일단, '사람'은 두고 '돈'에 대해서만 생각해 봅시다. 이렇게 헷갈리는 것은 돈을 '좋은 돈', '나쁜 돈'으로 구분하기 때문입니다. 그래서 이야기가 복잡해집니다. 더 자세히 말하면, '좋은 돈'은 갖고 싶고 '나쁜 돈'은 갖고 싶지 않다는 모순된 생각을 하기 때문입니다. 돈이 모이지 않는 것도 바로 이 때문입니다.

눈앞에 5만 원짜리 지폐가 있을 뿐, '좋은 5만 원짜리 지폐'나

'나쁜 5만 원짜리 지폐'는 없습니다. 5만 원짜리 지폐는 모두 똑같이 5만 원짜리 지폐입니다.

'좋은 5만 원짜리 지폐', '나쁜 5만 원짜리 지폐'로 구분하는 사람은 바로 당신입니다. 당신이 스스로 돈을 '좋다', '나쁘다' 구분하기 때문에 이야기가 복잡해지는 것입니다.

더 이상 돈을 '좋다', '나쁘다'로 판단하지 맙시다. 내 수중에 들어오는 돈에 굳이 이유를 대지 않아도 됩니다. '좋은 돈'이든 '나쁜 돈'이든 계속 들어오기만 하면 되고, 또 깨끗하게 사용하면 됩니다.

따라서 우선은 돈을 듬뿍 벌어서 실컷(깨끗하게) 쓰는 '흐름'을 빨리 만드는 게 중요합니다.

돈을 많이 써서 세상에 끊임없이 순환시키는 흐름을 만들면 돈은 내 수중으로도 쉴 새 없이 들어옵니다.

당장은 믿을 수 없는 말처럼 들리겠지만, 사실입니다.

돈이 잘 흐르도록 수문을 열어라

강의 상류에서는 늘 새로운 물이 쉬지 않고 흘러내려 옵니다. 그런데 모두가 자신의 몫만 챙기려고 물의 흐름을 막아 버리고 독자적인 저수지를 만들면 그곳에서 쟁탈전이 일어납니다. 결국 저수지에 모아 놓은 물은 점점 땅속으로 스며들다가 마침내 사라지고 맙니다.

마찬가지로 돈은 계속 사용해서 세상으로 내보내야 합니다. 순환시켜야 합니다. 강의 흐름을 막으면 안 되는 것과 같습니다. 돈을 흘려보내면 돈이 들어옵니다. 돈은 쓰면 쓴 만큼 필요한 몫이 들어오게 되어 있습니다.

그렇지만 이런 구조가 잘 이해되지 않을 것입니다. 저 역시 오랫동안 몰랐습니다. 지금까지 배워 온 것과는 전혀 달랐으니까요.

'돈을 쓰면 또 들어올까?'
'돈이 사라지지 않을까?'
'가난해지지 않을까?'

모든 사람이 이렇게 생각합니다.

당장은 이해할 수 없어도 좋습니다. 일단 지금은 '사용하면 들어온다'고만 생각해 두기 바랍니다. 돈을 쓸 때는 '지금 사용하면 반드시 돌아온다'고 믿는 것이 중요합니다.

제가 지금 한 말을 믿을 수 없다고 느끼는 이유는 잘 압니다. 하지만 이것이야말로 '돈에 구애받지 않는 사람의 사고방식'입니다. 따라서 이 사고방식을 전제로 해서 돈이 어떤 원리로 움직이는지에 대한 이야기를 계속 진행하겠습니다.

돈이 따르는 엄마의 마음 습관 _____

돈은 계속 사용해서 세상으로 내보내야 한다. 순환시켜야 한다.
강의 흐름을 막으면 안 되는 것과 같다.
믿기지 않겠지만, 돈은 쓴 만큼 필요한 몫이 들어오게 되어 있다.

평생 돈에
구애받지 않는 법

- '돈은 깨끗하지 못하다', '돈 이야기를 하는 사람은 품위가 없다', '돈벌이에 매달리는 사람은 나쁜 짓을 한다' 등 돈에 대해 부정적인 가치관을 갖고 있으면 돈이 모이지 않는다.

- 대부분의 사람은 자신의 불안한 마음을 해소하기 위해 돈을 모으는 일에만 의식을 집중할 뿐 좀처럼 돈을 쓰려 하지 않는다.

- 돈의 '입구'만 신경 쓰지 말고 세상을 위해서 어떻게 사용할 것인지 등 돈의 '출구'에 대해 생각해 보자.

- 돈을 '좋은 돈', '나쁜 돈'으로 구분하지 않는다.

- 돈을 끊임없이 순환시키는 '흐름'을 만들면 돈이 내 수중으로 쉴 새 없이 들어온다.

- 돈을 쓰면 쓸수록 필요한 만큼 돈이 들어온다.

- '돈에 구애받지 않는 사람'의 사고방식을 채용해 본다.

3장

"인생을 행복하게 할
복리를 찾아라"

: 돈이 도는 법칙 깨닫기

부자 엄마와
가난한 엄마,
마음 버릇의 차이

'돈이 있었으면 좋겠다.'

'돈만 있으면 아무것도 필요 없다.'

'참을 수 없을 정도로 돈을 좋아한다.'

'돈에 파묻혀서 죽고 싶다.'

이렇게 돈을 좋아하는데, 누군가 "돈을 드리겠습니다"라고 하며 우리에게 거금을 가져오면 어떻게 행동하겠습니까?

물론 상상으로는 고맙게 받겠다고 말할 수 있을 것입니다. 그런데 실제로는 이렇게 말하지 않을까요?

"아니, 괜찮습니다."

"당신에게 돈을 받을 이유가 없습니다."

"받을 수 없어요. 필요 없다고요. 아, 진짜 필요 없다니까요?"

"그렇게까지 나한테 돈을 주고 싶어 하다니, 혹시 목적이 따로 있나요?"

"분명히 뒤에 뭔가가 있죠?"

"그런 수상한 돈은 받을 수 없습니다!"

누군가 무턱대고 우리에게 돈을 준다면, 아마도 당황한 표정을 지으며 거부하지 않을까요?

하지만 좀 이상하네요. 우리는 돈을 매우 좋아하잖아요. 왜 받지 않나요? 모처럼 눈앞에 돈이 잔뜩 있는데 말입니다.

마음 버릇의 차이가 부의 차이를 만든다

돈을 좋아하는데도 돈이 들어오지 않는 것은 바로 우리가 돈을 거부하기 때문입니다.

스스로 자신은 돈을 받을 가치가 없다고 생각하기 때문입니다.

'일하지도 않고 땀 한 방울 흘리지 않고 그저 멍하니 있는데 돈을 받다니 말도 안 된다.'

'그런 짓을 하면 미안하다(도대체 누구한테 미안할까요?).'

'나는 돈을 받을 자격이 없다.'

'설사 돈을 받는다고 해도 그 돈에 합당한 가치를 돌려줄 수 없다.'

앞에서 설명했듯이 돈 문제로 고생하는 사람은 자신의 '존재급'이 낮습니다. 또 자신에게는 많은 돈을 받을 가치가 없다는 말을 스스로 믿어서 풍족함을 얻지 못합니다.

하지만 이것은 모두 마음의 버릇, 편견입니다. 가난한 사람에게는 가난해지는 마음의 버릇이 있으며, 부자에게는 부자가 되는 마음의 버릇이 있습니다. 그리고 그 버릇에 어울리는 현실이 따라 옵니다.

어떤 사고방식을 채용하든 그것은 우리의 자유입니다. 좋아하는 쪽을 선택하면 됩니다.

그러나 평생 돈에 구애받지 않는 삶을 살고 싶다면, 부자의 사고방식을 따라야 편하게 살 수 있지 않을까요?

마음의 버릇과 편견을 바로잡는 것이야말로 이 책의 목적입니다. 그러므로 지금은 제 말을 믿을 수 없다고 해도 당신이 진정으로 마음의 버릇과 편견을 바로잡고 싶다면 우선은 사고방식을 바꿔 보기 바랍니다.

돈이 따르는 엄마의 마음 습관 _____

가난한 사람에게는 가난해지는 마음의 버릇이 있다.
부자에게는 부자가 되는 마음의 버릇이 있다.
그리고 그 버릇에 어울리는 현실이 따라 온다.

존재급이
높은 엄마는
행복하다

우리가 돈을 멀리하는 마음의 버릇은 어디에서 왔을까요? 왜
그런 편견이 생겼을까요?

그 원인은 우리의 성장 과정에서 비롯된 경우가 많습니다.

사람에게는 누구나 편향된 사고, 마음의 버릇이 있습니다. 100
명이 있으면 마음의 버릇 100가지가 있다고 할 수 있습니다. 그러
나 갓난아기에게는 기본적으로 마음의 버릇이 전혀 없습니다.

당신은 태어났을 때부터 자기 평가가 낮은(='존재급'이 낮은) 아기였
나요? 하지만 저는 일찍이 매우 비관적인 아기나 금세 비뚤어지

는 아기, 자신감이 없는 아기, 남에게 함부로 하고 싶어서 가만히 있지 못하는 아기 등을 본 적이 없습니다.

모든 사람은 기본적으로 태어났을 때는 새하얀 도화지와 같아서 마음의 버릇이나 편견이 없습니다.

돈에 대한 가치관도 마찬가지입니다. 태어났을 때부터 구두쇠인 아기나 돈을 함부로 낭비하는 아기, 돈에 부정적인 아기(긍정적인 아기도 마찬가지)는 없습니다.

따라서 만일 지금 당신이 돈에 대해 불안해하거나 인색하거나 부정적이라면, 타고난 성질이 아니라 태어난 후에 터득한 사고방식 때문입니다. 당신이 성장하는 과정에서 배운 것, 본 것, 들은 것, 경험한 것이 작용해서 어느 사이에 돈의 가치, 사용 방법, 모으는 방법이 만들어진 것입니다.

부자는 부자의 사고방식을 '배워' 왔으며, 돈이 없는 사람은 '돈이 없어지는 사고방식'을 '배워' 왔습니다.

부를 끌어당기는 긍정적 가치관

환경에 따라 형성된 가치관이 바로 마음의 버릇과 편견입니다.

바꿔 말하자면, 당신의 '대전제'입니다. 당신은 이 대전제에 맞춰서 행동하고 있습니다.

이를테면, 당신이 '나쁜 짓을 해서 돈을 벌면 안 된다', '돈은 열심히 노력해야 들어온다', '돈을 모아야 만일의 경우에 어려움을 겪지 않는다' 등 돈에 대한 부정적인 대전제를 가지고 있다면, 당신은 그에 따라 그렇게 행동합니다.

그러면 돈도 그에 맞춰서 움직입니다. 땀 흘리며 노력해야 돈이 들어오며, 돈을 쉴 새 없이 모으더라도 '좋지 않은 일이 일어난다'는 불안에서 자유로워질 수 없습니다.

돈에 대해 부정적인 가치관을 갖고 있는 한 돈을 많이 벌 수 없습니다.

부정적인 마음의 버릇, 편견이 있는 한, 그에 어울리는 부정적인 현실만 나타납니다.

돈이 따르는 엄마의 마음 습관 _____

긍정적인 가치관은 긍정적인 현실을 끌어들이고,
부정적인 가치관은 부정적인 현실을 끌어들인다.
당신의 돈에 대한 가치관은 어떤가?

해결하지 못한
돈 문제의
잔흔을 지워라

당신은 부정적인 대전제를 지금도 계속 질질 끌면서 살고 있습니다.

어릴 때 터득한 돈에 관한 부정적인 사고방식을 엄마가 된 지금도 소중히 여겨서 질질 끌며 앞으로 나아가고 있습니다. 마치 만화 〈피너츠〉에 나오는 '라이너스의 담요' 같군요(스누피가 사는 집 근처에 라이너스라고 하는 소년이 살고 있는데, 그 아이는 아기 때부터 쓰던 담요를 절대로 손에서 놓지 않습니다. 담요를 손에 꽉 쥐고 있어야 마음의 안정을 유지합니다).

대전제는 우리에게 이제 너무나도 당연하고 상식이 되어 있기에 의심조차 하지 않습니다.

하지만 당신이 돈 때문에 고생하거나 돈에 휘둘리고 싶지 않다면 이 대전제를 한번 의심해 보기 바랍니다.

당신에게 일어나는 '돈 문제'가 바로 당신의 대전제가 한쪽으로 치우쳐 있다고 알려 주는 것인지도 모릅니다.

계속 손에서 놓지 못하고 질질 끌어 온 '라이너스의 담요', 즉 대전제를 무너뜨려야 합니다.

당신은 지금 자신이 처한 현실을 바꾸고 싶기 때문입니다.

돈으로 고생하거나 불안해하거나 휘둘리는 생활에서 자유로워지고 싶기 때문입니다.

또 돈으로 고생하지 않는 풍족한 인생을 보내고 싶기 때문입니다.

그렇다면 자신이 굳게 믿어서 꽉 붙들고 놓지 않는, 어릴 때부터 질질 끌어 와 이제는 너무나도 당연해서 의식조차 안 하는, 아기 때부터 쓰던 '담요'를 버려야 합니다.

'지금의 현실'을 만들어 온 당신만의 대전제를 무너뜨리지 않는 한, 앞으로도 똑같은 '지금'이 지속될 뿐입니다.

그러면 어떻게 대전제를 무너뜨릴 수 있을까요?

우선 돈에 대한 부정적인 이미지가 어떻게 형성되었는지 그 근

본을 찾는 것이 중요합니다. 내 마음속에 '돈을 쓰는 것은 나쁘다', '돈은 고생해서 벌어야 한다'는 이미지가 어떻게 만들어졌는지 돌이켜 봅시다.

버려야 할 10원에도 벌벌 떠는 태도

돈을 벌거나 사용하는 행위에 부정적인 이미지가 덧씌워진 것은 대체로 가족의 문제와 관련되어 있는 경우가 많습니다.

부모님이 입버릇처럼 '돈이 없다'고 했거나, 돈을 둘러싸고 자주 부부싸움을 했거나, 부모님이 빚을 져서 고생했거나 등등의 광경을 떠올리는 사람이 있을 것입니다.

갖고 싶었던 장난감을 부모님이 거의 사 주지 않았거나, 슈퍼마켓에서 단돈 10원이라도 더 싼 물건을 구입하려고 애쓰는 부모님의 모습을 기억하는 사람도 있습니다.

친구네 집에 있는 게임기가 갖고 싶었지만 부모님에게 사 달라고 할 수 없어서 말을 삼켜야만 했던 서러운 기억을 떠올리는 사람도 있습니다.

이처럼 돈에는 슬픈 추억이나 괴로운 일이 덕지덕지 들러붙어 있습니다.

부모님이 돈 때문에 고생하는 모습을 보면 아이는 부모님을 난처하게 하고 싶지 않아서 돈을 쓰지 않고 참기 시작합니다.

"아니에요, 저는 괜찮습니다. 신경 쓰지 마세요. 갖고 싶지 않으니까요."

돈을 원하거나 돈 문제로 떼를 쓰지 않습니다. 부모님을 돕고 싶고, 부모님을 슬프게 하고 싶지 않다는 일념으로 참습니다. 부모님을 슬프게 하면 자신이 미움받는다고 생각하기 때문입니다.

부모님에게 버림받지 않기 위해서,
부모님에게 인정받기 위해서,
부모님에게 사랑받기 위해서,
부모님에게 폐를 끼치지 않기 위해서,

당신은 돈에 대한 것이라면 열심히 참아 왔습니다. 또 돈에 대해 마음을 닫아 왔습니다.

이렇게 당신이 가지고 있는 돈에 대한 대전제, 마음의 버릇, 편견의 원인은 가족 문제에 있었습니다. 좀 더 구체적으로 말하자

면, 대전제는 '부모님에게 버림받고 싶지 않다', '사랑받고 싶다'는
당신의 생각에서 비롯되었습니다.

돈이 따르는 엄마의 마음 습관 _____

자신의 어릴 적 돈에 대한 기억을 떠올려 보라.
부모님에게 미움받지 않기 위해 얼마나 돈에 대해 참아 왔는가?
자신도 모르게 만들어진 '돈을 거부하는 마음의 버릇'을 살펴라.

내 안의 소녀를
사랑하는 일부터
시작하라

대전제를 무너뜨리려면, 우선 대전제를 형성한 근원이 되는 가족 문제를 철저히 밝혀야 합니다.

돈과 관련해서 슬프고 괴로웠던 일들을 생각해 보세요. 그리고 마음속 어딘가에 봉인되어 있는 문제가 떠오르면 자기 자신에게 이렇게 말합시다.

"이제 괜찮아."

"걱정하지 마."

"너는 이미 충분히 사랑받고 있어."

"이제는 돈을 받아도 돼."

반복해서 말하세요. 그렇게 하면 조금씩 대전제를 떨쳐 버릴 수 있습니다.

예를 들면, 다음과 같습니다. 고코로야 상담 교실을 졸업하고 심리상담사가 된 어느 여성의 이야기입니다.

그녀는 어린 시절 어머니가 병에 걸렸을 때를 떠올렸습니다.

어린 그녀는 어머니가 병에 걸리는 바람에 밥을 지을 사람이 없어진 상황이 매우 불안했습니다. 그녀의 오빠가 열심히 밥을 해줬지만, 오빠 역시 어렸기에 어쩐지 불안해 보였습니다. 그 옆에서 어린 그녀는 어쩔 수 없이 불안한 마음과 배고픔에 사로잡혀 꼼짝하지 못했습니다.

그때 그녀의 내면에서는 '돈만 있으면 뭐든지 살 수 있다', '돈만 있으면 오빠를 괴롭히지 않아도 된다'는 마음이 불끈 솟아올랐습니다.

'돈만 있으면 좋아하는 것을 살 수 있다.'
'돈만 있으면 오빠를 괴롭히지 않아도 된다.'

'돈만 있으면 아무 쓸모없는 여동생에서 벗어날 수 있다.'

'돈만 있으면 성가신 여동생이 되지 않는다.'

'돈만 있으면….'

그녀가 느낀 돈에 대한 불안의 원인은 어릴 때의 이 추억에 있었습니다. 그리고 불안의 원인을 깨달았을 때, 그녀는 어린 자신을 떠올리면서 자신에게 이렇게 말했습니다.

"힘들었지? 불안했구나. 배가 고팠으니 그럴 만하지. 하지만 이젠 괜찮아. 다 끝난 일이니까."

그녀는 힘든 일이 다 끝났다는 사실을 자신에게 확실히 각인시켰습니다.

또 어린 자신에게 이렇게 말했습니다.

"오빠와 엄마도 행복했어. 넌 성가시거나 미움받는 존재가 아니었단다. 넌 충분히 사랑받았어."

우리는 영원히 사랑받는 존재다

대전제를 무너뜨린다는 것은 꽉 붙들고 있던 과거의 사건을 손에서 놓는다는 뜻입니다. 이는 과거의 자신을 용서하는 것과 같습니다.

현재 자신이 갖고 있는 부정적인 마음의 버릇이나 편견은 과거의 자신을 책망하는 일에서 비롯됩니다. 그러므로 과거의 자신을 용서합시다. 못나고 쓸모없다며 책망해 온 과거의 자신을 용서하기 바랍니다. 그리고 이렇게 말하세요.

"너는 사랑받고 있어. 과거에도, 지금도, 앞으로도 영원히."

자신을 용서하면, 마음의 버릇과 편견이 바로잡히면서 질질 끌어 온 대전제가 무너집니다.

만일 당신이 돈에 대해 생각만 해도 말로 표현할 수 없는 부정적인 마음이 떠올라 떨쳐낼 수 없다면, 그 이면에 자신의 서러웠던 과거의 추억이 있을 것입니다. 그 서럽고 외로운 마음의 근원을 떠올려 보세요. 그곳에서 아직 용서하지 않은 과거의 자신을 발견할 수 있습니다. 그런 다음에는 그런 자신을 용서하기 바랍니다.

당신은 용서받았습니다. 처음부터 쭉 죄가 없었습니다.

"어차피 너는 사랑받고 있어. 언제나 영원히."

과거의 상처받은 자신을 떨쳐 버릴 때까지 자기 자신에게 용서하는 말을 반복하는 마음의 훈련을 계속하도록 하세요.

돈이 따르는 엄마의 마음 습관 _____

나는 왜 이토록 돈에 신경 쓰며 사는 걸까?
그 대전제를 보려면 나의 과거 속으로 걸어 들어가라.
그곳에서 아직 용서하지 못한 자신을 만나라.
그리고 무조건 용서하라!

돈은 존재급에
걸맞은 엄마를
따른다

어째서 돈이 들어오지 않을까요? 바로 당신이 받으려고 하지 않기 때문입니다. 이것이 돈이 들어오지 않은 이유들 중 하나입니다. 하지만 또 하나 결정적인 이유가 있습니다. 바로 당신이 '열심히 노력하기' 때문입니다.

무엇이듯 열심히 노력하는 사람은 돈이 들어오지 않는 게 무섭기 때문에 뭐라도 해야겠다는 생각으로 정말 열심히 노력합니다. 이렇게 노력하는 사람은 '존재급'이 낮은 사람입니다.

앞에서 '존재급'은 곧 수입과 같다고 말했습니다. '존재급'이 낮은 사람은 낮은 만큼 성과급으로 채우려고 합니다.

저도 직장에 다니던 시절에는 줄곧 일만 했습니다. 정말로 쉬지 않고 일했습니다. 일하지 않는 자신에게는 가치가 없다고 생각했기에(즉 '존재급'이 낮았기에) 죽도록 일했습니다. 물론 일한 만큼 많이 받았습니다. 그런데도 늘 돈이 '없다', '사라진다'고 느꼈습니다.

동동거린다고 돈은 들어오지 않는다

열심히 노력해야 돈이 들어온다고 생각하는 사람에게는 정말로 열심히 해야 돈이 들어옵니다. 현실은 오직 대전제만으로 움직이기 때문입니다.

날마다 노력을 반복한다 해도 사람은 기계가 아니기 때문에 24시간 365일 끊임없이 힘을 낼 수 없습니다. 갑자기 맥이 빠지고 금세 가난해집니다. 그러면 '안 돼, 안 돼' 하면서 또다시 자신을 채찍질합니다.

마치 하행 에스컬레이터에서 필사적으로 위로 뛰어올라 가는 것과 같습니다. 온 힘을 다해 올라가는 동안에는 위로 나아갑니다. 하지만 행동을 멈추면, 그 즉시 아래로 내려가고 맙니다. 영원히 위에 도달할 수 없습니다.

안타까운 것은 하행 에스컬레이터 옆에는 반드시 상행 에스컬레이터가 있는데도 이를 알아차리지 못한다는 것입니다. "이봐요, 이쪽으로 와요(노력하지 않아도 됩니다)!"라고 친절하게 큰소리로 알려 주는 사람이 있어도 모릅니다.

일부러 하행 에스컬레이터를 선택한 사람은 다른 누구도 아닌 자기 자신입니다.

자신은 노력해야 돈이 들어오는 사람이라고('나는 하행 에스컬레이터에서 있는 힘을 다해 올라가야 위로 올라갈 수 있는 사람이다.' '그런 내가 정말 훌륭하다.' '상행 에스컬레이터를 타다니 치사한 방법을 쓰면 안 된다.') 생각하기 때문에 굳이 '노력하는' 길을 선택하는 것입니다.

돈이 따르는 엄마의 마음 습관 _____

열심히 노력하는 사람은 하행 에스컬레이터에서 뛰어올라 가는 것과 같다.
한 순간이라도 멈추면 아래로 내려간다.
그러니 과감하게 하행선에서 내려 상행선으로 갈아타라.

돈을 아끼고 아껴봤자
부자가 되기
어렵다

모든 것이 반대입니다. 열심히 노력하면 풍족해질 수 없습니다. 노력하면 노력할수록 '존재급'이 내려갑니다.

물론 죽을힘을 다해 노력해서 부자가 되는 사람도 있습니다. 하지만 그는 부자가 되어서도 여전히 노력을 중단하지 못합니다. 그리고 그 노동에는 한계가 있습니다. '자력(自力)'은 '자신의 힘'보다 더 커지지 않기 때문입니다.

자기 혼자서 땅에 구멍을 파 봤자 뻔합니다. 하루에 팔 수 있는 한도가 정해져 있고, 파는 도중에 휴식을 취하거나 게으름을 피우면 그만큼 구멍을 파야 하는 시간이 늘어납니다.

여기서 구멍의 크기를 풍족함이라고 해 봅시다.

자기 혼자서 구멍(=풍족함)을 파는 사람은 자신의 힘으로 팔 수 있는 것보다 더 큰 구멍(=풍족함)을 팔 수 없습니다.

지독하게 열심히 노력하는 사람이나 체력이 넘치는 사람, 참을성이 매우 강한 사람이 자지도 않고 쉴 새 없이 구멍(=풍족함)을 파면 남보다 조금은 큰 구멍(=풍족함)을 팔 수 있겠지만, 혼자 힘으로는 기껏해야 그 정도입니다.

반면에 '타력(他力)'을 이용하면 어떨까요?

"실례합니다. 제가 구멍을 파야 하는데 조금만 도와주세요"라고 말을 걸어서 다른 사람의 도움을 받습니다. 그러면 그 구멍은 둘이서 파면 두 배, 넷이서 네 배, 백 명이서 파면 백 배로 커집니다. 게다가 중장비를 갖고 있는 사람이 있을지도 모릅니다. 따라서 타력을 이용하면 자력으로 아무리 노력해도 도저히 따라 올 수 없을 만큼 거대한 구멍을 팔 수 있습니다.

괜찮다면 자신은 옆에 엎드려 있어도 상관없습니다. 그래도 누군가가 대신 구멍을 파 주므로 어느 틈에 구멍이 점점 커집니다.

이것이 바로 타력입니다.

그러면 어떻게 해야 타력을 사용할 수 있을까요?

아주 간단합니다.

자력으로 노력하기를 중단하면 됩니다.

'내가' 노력하지 않으면 된다.

'내가' 안 하면 된다.

'내가' 돈을 벌지 않으면 된다.

'내가' 키우지 않으면 된다.

'내가' 행복하게 해 주지 않으면 된다.

'내가' 책임을 지지 않으면 된다.

이처럼 '내가' 해야 한다는 생각을 그만두는 것입니다.

자력만을 고집하는 한, 이 생각이 방해해서 타력이 들어올 수 없습니다. 타력에게 맡기고 자신이 게으름을 피우면 죄책감을 느껴서 참지 못하고 결국 손을 대고 맙니다.

'내가' 해야 한다고 생각하는 사람은 남을 신용하지 않습니다. 그래서 '내가' 노력하는 것입니다. 남을 신용하지 않는 사람에게는 다른 사람들이 도와주러 오지 않습니다.

누군가 "도와줄까요?" 했는데, "아니에요, 괜찮습니다. 당신을 신용하지 않거든요"라거나 "제가 더 잘합니다"라고 밉살스럽게 말하는 사람에게 도움의 손길을 내미는 기특한 사람이 있을 리 만무합니다.

그 일을 좋아하는 사람에게 맡겨라

저도 예전에는 밉살스러운 사람 중 하나였습니다. 뭐든지 '내가' 열심히 노력하려고 했습니다. 남들보다 내가 더 '잘한다'는 자부심도 있었습니다.

하지만 어느 날, '내가' 아무리 노력해도 한계가 있으며, 언젠가는 그 한계에 이르러 쓰러진다는 사실을 깨달았습니다.

그래서 노력을 중단했습니다.
그랬더니 사람들이 저를 찾아왔습니다.

전에는 교토에서 도쿄로 직접 가서 상담이나 세미나를 했는데, 노력을 중단하고 교토에서 나가지 않았더니 일부러 교토까지 사람이 찾아오기 시작했습니다.

아무것도 하지 않았는데, 저를 방송국에 소개해 주는 사람이 있는가 하면, 출판사에서도 계속 연락이 왔습니다.

이렇듯 노력을 중단했더니 타력이 점점 들어온 것입니다.

세상에는 구멍 파기를 매우 좋아하는 사람과 전문적으로 잘하는 사람이 많습니다.

혼자 힘으로 구멍을 팔 때는 남을 신용하지 않은 탓에 도와주겠다며 삽을 들고 찾아오는 사람들이 많았는데도 "괜찮습니다, 저 혼자서 할 수 있습니다"라고 거절하며 혼자서 노력했습니다. 어쩌면 삽을 들고 서 있는 수많은 사람들이 눈에 보이지 않았을지도 모릅니다.

그러나 노력을 중단했더니 "도와드리겠습니다", "내가 해 줄게요"라며 사람들이 자진해서 삽을 들고 모여들었습니다.

세상에는 다양한 사람이 있습니다.

구멍 파기를 좋아하는 사람.
아스팔트 깔기를 좋아하는 사람.

노래 부르기를 좋아하는 사람.

요리 하기를 좋아하는 사람.

전자계산기를 두드리기 좋아하는 사람.

다른 사람을 가르치는 일을 좋아하는 사람.

청소하기를 좋아하는 사람.

….

이처럼 여러 가지 '좋아하는 일'을 하고 싶어 하는 사람에게 '좋아하는 일'을 하게 해 주는 것이 바로 타력을 사용하는 것입니다.

'내가' 해야 한다는 생각을 버리면, '좋아하는 일'을 하고 싶어 하는 타력이 모여듭니다.

'내가' 해야 한다는 생각을 버리면 버릴수록, 타력은 계속 모여듭니다.

'내가' 해야 한다는 생각은 '자신의 고집'입니다.

따라서 노력을 관두고 고집을 버리면, 몇 백 배, 몇 천 배, 몇 만 배의 타력을 모을 수 있습니다. 자력을 초월한 풍족함이 찾아옵니다.

당신에게 돈이 들어오지 않는 이유는 고집이 너무 세서 남의 힘을 빌리지 못했기 때문입니다. 즉, 마음의 문을 굳게 닫은 탓입니다.

돈이 따르는 엄마의 마음 습관 _____

'내가' 해야 한다는 생각은 '자신의 고집'이다.
따라서 노력을 관두고 고집을 버리면, 상상도 못할 타력이 몰려온다.
자력을 초월한 풍족함이 찾아온다.

돈에 쫓길 때가
생각을 바꿀
기회다

지금 당신이 돈 때문에 괴롭거나 불안하거나 휘둘리고 있다면, 그 이유는 당신이 무의식중에 스스로 그렇게 되기를 선택했기 때문입니다. 다른 선택지가 있는데도 당신이 굳이 그 길을 선택했으며, 당신의 '돈에 대한 부정적인 대전제'가 그 길을 선택하게 만든 것입니다.

돈이 없어지는 것이 두려워서 돈에 집착하고 혼자의 힘으로 노력해서 자신은 안전한 길을 선택했다고 생각했을 것입니다. 하지만 그 결과 전제가 더욱 강해져서 더 불안하고 무서워지기만 했습니다.

그러므로 '돈이 없는' 현실은 돈에 대한 당신의 전제가 잘못됐다고 알려 주는 고마운 현상으로 보면 됩니다. 그렇게 생각하면 무서움이 조금은 줄어들 것입니다.

'돈이 없다'고 말하는 사람은 '의지해야 할 사람에게 고집을 부리고 무서워서 부탁하지 않을 뿐'입니다.

'돈이 없는' 현실은 당신이 가지고 있는 '의지할 사람이 없다'는 편견을 버릴 수 있는 기회라고 생각하면 됩니다.

기회는 상식 밖의 세계에 있다

여기까지 읽고도 '더 이상 어떻게 해야 좋을지 모르겠다', '무엇을 열심히 해야 할지 정말 모르겠다', '믿을 만한 사람도 없다'고 느끼며 절망하는 사람이 있을 수 있습니다.

그럴 수 있다는 사실을 잘 알고 있습니다. 하지만 그렇게 생각할 때야말로 당신이 '모르는 세계', 당신의 '상식 밖의 세계'로 가는 기회를 잡을 수 있습니다. 즉, 돈을 얻으려면 열심히 노력해야 한다며 착각하는 사람이 진짜로 돈을 얻으려면, '노력 이외의 방법'이 있다고 인식하는 기회를 잡아야 합니다.

그러니 더 이상 노력하지 마세요. 노력하지 않으면 풍족함이 도와줍니다.

더 이상 노력하지 말고 '살려줘요', '도와줘요'라고 '아직 말하지 않은 사람'에게 말해 봅시다. '말하면 안 된다고 여기는 사람'에게 말하는 것입니다. 반드시 그 사람이 도와준다고 할 수는 없지만, 그 사람이 아니라도 뭔가가 도와줄 것입니다.

당신이 노력을 멈추면, 당신이 상상하지도 못한, 생각한 적도 없는 상식 밖의 '타력'이 당신을 도와줍니다.

믿을 수 없겠지요? 그야 당연합니다. '상식 밖'이니까요.

돈이 따르는 엄마의 마음 습관 _____

지금 돈 때문에 괴롭고 불안하다면,
그것은 무의식중에 스스로 선택한 것이다.
다른 선택지가 있는데도 '부정적인 대전제'가 그 길을 선택하게 만들었다.
그러니 지금이야말로 전제를 바꿀 기회이다.

왠지 모르게
잘 되는 흐름을
따른다

이쯤해서 재미있는 사실 한 가지를 알려 드리겠습니다.

부자가 된 사람은 '왠지 모르겠지만 정신을 차려 보니 부자가 되어 있었다'고 자주 말합니다. 이 '왠지 모르겠지만'이 키워드입니다.

'왠지 모르겠지만'이 바로 '타력'을 의미합니다.

고코로야 상담 교실에서 매달 개최하는 회원제 세미나 Being 트레이닝에 참가하는 사람들 중에는 큰 용기를 내서 열심히 일하거나 회사에 가는 일 등을 관둔 사람이 많습니다.

하지만 그 사람들은 '왠지 모르겠지만' 회사에 근무했을 때보다 이곳저곳 여행을 더 자주 다니거나 좋은 옷을 입고 맛있는 음식을 먹습니다. 자신이 좋아하는 일을 즐기는데도, '왠지 모르겠지만' 전보다 돈이 더 늘어났습니다.

예를 들어, 남편이 돈을 더 주거나, 회사로부터 예상보다 더 많은 인센티브를 받거나, 부자 엄마와 친해지거나, 또 몰랐던 저금이 꽤 많이 모여 있었거나 등 '왠지 모르겠지만' 자신의 상식 밖에서 돈이 찾아온 것입니다.

'왠지 모르겠을' 때가 기회다

이 '왠지 모르겠지만'을 제가 사용하는 말로 바꾸면 타력이 됩니다.

자신만을 생각하는 자력이 물러났을 때 순식간에 타력이 찾아옵니다. 자력이 늘어나면 타력의 영역이 줄어들지만, 자력을 줄이면 타력의 영역이 늘어납니다.

게다가 타력의 힘이 자력의 힘보다 압도적으로 강하기 때문에 타력에 순리를 맡긴 사람은 단번에 흐름이 바뀝니다.

히트곡이나 베스트셀러가 탄생할 때도 마찬가지입니다.

'내가' 아무리 열심히 해도 반드시 잘 팔린다고 할 수 없습니다. 자력을 사용하면 '노력한 만큼'은 팔릴 것입니다. 그러나 히트작은 흔히 '왠지 모르겠지만 잘 팔렸다'고 하듯이, 설명할 수 없는 요소로 가득 차 있습니다.

최종적으로는 세상을 자기편으로 만들어야 인기가 있습니다. 세상을 자기편으로 만든다는 것은 '세상에 전부 맡긴다', 즉 타력에 맡긴 것이나 다름없습니다.

역시 타력입니다. 나중에 이것을 분석해서 흉내 낸다 해도 잘 팔리지 않습니다.

저는 타력의 힘을 철석같이 믿고 있어서 일찌감치 목표 세우기를 관뒀습니다. 이를테면, 이 책을 몇 만 부 팔아야겠다는 생각을 접었습니다.

10만 부를 팔겠다는 목표를 세우면 10만 부가 팔릴 만큼 광고와 홍보 활동을 해야 합니다. 이 목표량을 100만 부로 바꾸면 10만 부 때와는 또 다른 행동을 해야 합니다. 10만 부를 목표로 할 때보다 더 많은 광고비, 홍보비를 들여서 TV나 잡지, 신문 등의 매체를 있는 대로 사용해야 합니다.

하지만 그렇게 해 봤자 잘해야 100만 부밖에 팔지 못합니다. 100만 부를 팔겠다는 목표를 세우고 그 목표를 위해 행동하지만, 자력만으로는 기껏해야 100만 부의 성과만 낼 수 있을 뿐입니다.

타력을 믿으면 돈이 굴러온다

이런 노력을 다 버리고 목표도 세우지 않고 타력에 온전히 맡기면 어떨까요?

타력에 맡긴 채 눈앞에 다가오는 것을 즐기면, 자신이 몰랐던 '예상 밖'의 세계로 갈 수 있습니다.

제가 처음 책을 내기 시작한 무렵에는 10만 부를 팔고 싶어서 필사적으로 노력했습니다. 그러나 도저히 10만 부를 채울 수 없었습니다.

그런 노력을 관두고 타력에 전부 맡겨서 아무것도 하지 않았더니, 어느새 책이 누계 300만 부나 팔렸습니다. 300만 부라는 숫자는 이미 제 상상을 훨씬 초월했으며, 꿈에도 생각지 못했습니다. 목표를 정하지 않고 전부 남에게 맡겼더니 엄청난 일이 일어난 것입니다.

여러분도 타력을 믿기 바랍니다.

'왠지 모르겠지만'이라는 말을 믿으세요. '운', '인연', '흐름', '신의 가호'일지도 모릅니다.

당신이 자력을 고집하는 한 돈이 들어오지 않습니다.

죽도록 열심히 노력해야 하는 자력 이상으로는 풍족해질 수 없습니다.

돈이 따르는 엄마의 마음 습관 _____

잘 될 때는 '왠지 모르겠지만' 잘 된다.

그것은 '운', '인연', '흐름', '신의 가호' 같은 것일지도 모른다.

중요한 것은 자력을 멈출 때 '왠지 모르겠지만' 잘 된다는 사실이다.

03
평생 돈에
구애받지 않는 법

- 돈이 들어오지 않는 이유는 단지 당신이 받으려고 하지 않기 때문이다.

- 가난한 사람에게는 가난해지는 '마음의 전제', 부자에게는 부자가 되는 '부자의 전제'가 있다.

- 우리는 '돈은 고생해야 들어온다', '돈을 모아 두지 않으면 가난해진다'처럼 어릴 때 부모나 주위 사람들에게 배운 돈에 대한 가치관을 질질 끌고 산다.

- 당신은 부모에게 버림받지 않기 위해서, 사랑받기 위해서, 폐를 끼치지 않기 위해서 돈에 대해 열심히 참아 왔다. 이 때문에 돈에 대해 마음을 닫고 말았다.

- 돈에 대해 생각했을 때마다 서러움과 외로움을 느낀다면, 과거의 슬픈 추억이 원인이다. 용서하지 않은 과거 속 자신을 용서해 주자.

- 열심히 노력하면 돈이 들어오지 않는다. 노력을 관두면 '상식 밖'의 풍족함이 찾아온다.

4장

"누구나 부자 엄마로 살 수 있다"

: 돈이 들어오는 사람 되기

돈을
담을 수 있는 그릇을
준비한다

앞 장에서는 좀처럼 돈이 들어오지 않는 이유에 대해서 자세히 살펴봤습니다. 이 장에서는 돈(=풍족함)이 따르는 엄마가 되기 위한 사고방식, 즉 돈이 들어오는 '본연의 자세'를 만드는 방법에 관해 생각해 봅시다.

이 책의 프롤로그에서도 말했듯이, 세상에는 부자가 되는 법을 알려 주는 책이 많이 나와 있습니다. 그런데도 그런 책을 읽은 사람 대다수가 부자가 되지 못하는 이유는 자신이 받으려고 하지 않기 때문입니다.

돈에 쫓기는 엄마의 그릇은 한쪽으로 기울어져 있습니다. 이 그릇에 돈을 버는 방법이라고 하는 물을 아무리 부어 봤자 바닥으로 흘러내릴 뿐입니다. 물을 그릇에 전혀 채울 수 없습니다.

이 그릇의 '기울기'를 만든 것은 '본연의 자세'입니다. 따라서 '본연의 자세'를 바로잡지 않으면, 아무리 훌륭한 '방법'을 배워도 소용없습니다. 우선 마음의 '본연의 자세'를 바로잡아야 합니다. 그릇을 정확한 위치에 되돌려 놓는 것이 중요합니다.

사다리를 이용할 줄 알아야 한다

이솝우화에 포도를 먹지 못한 여우의 이야기가 나옵니다.

높은 나무에 열린 포도가 매우 맛있어 보였지만, 여우는 그 포도를 딸 수가 없었습니다. 그러자 여우는 이렇게 말했습니다.

"어차피 저 포도는 신 포도야."

"난 배가 고프지 않은걸!"

"저런 포도는 먹고 싶지 않아."

"맛없는 포도를 먹어서 배탈이 나는 것도 싫어."

여우는 처음부터 포도를 먹을 수 없다고 포기했습니다. 그래서 자신이 상처입지 않으려고 처음부터 포도를 먹고 싶지 않았던 것으로 여겼습니다. 그런 식으로 포도(=풍족함)를 부정하고, 풍족함을 외면하고 말았습니다.

하지만 저는 실제로는 포도나무에 사다리가 놓여 있지 않았을까 생각합니다. 사다리를 타고 올라갔다면, 포도를 쉽게 따 먹을 수 있었을 것입니다.

그런데 여우는 토라져서 포도나무를 외면해 버린 탓에 사다리의 존재를 깨닫지 못했습니다. 또는 설사 알았다 해도 사다리를 사용하면 '치사하다'고 생각해서 사용할 수 없었을지도 모릅니다.

당신은 돈을 매우 좋아해서 돈을 갖고 싶다고 생각합니다.

하지만 돈이 많은 부자를 보면 '쳇' 하고 혀를 차는 이유는 무엇일까요? 돈을 그토록 좋아하는데도 당신이 좋아하는 돈을 갖고 있는 사람을 보면 못마땅하게 생각하지 않습니까?

인기를 얻고 싶어서 죽을 지경인데 멋진 사람을 보면 혀를 차며 시선을 돌리는 것과 마찬가지입니다. 그런 마음의 이면에는 질투심과 비꼬인 심사가 똬리를 틀고 있습니다.

부자를 보자마자 반사적으로 이솝우화의 여우와 같은 상태가 되는 사람이 많습니다.

'어차피 추접스러운 짓을 해서 돈을 벌었을 거야.'
'돈이 아무리 많더라도 반드시 행복하다고 할 수 없어.'
'분명히 저 사람은 성격이 나쁠 거야.'
'모든 사람에게 미움받고 있을걸.'

이렇게 생각하는 사람들은 이솝우화의 여우와 같습니다. 자신이 가장 원하는 일이나 꿈꾸는 모습으로부터 시선을 돌리고 있습니다.

그 모습, 즉 한쪽으로 치우친 '본연의 자세'야말로 우리가 돈으로부터 멀리 떨어지는 원인입니다.

돈이 따르는 엄마의 마음 습관 _____

돈이 들어오도록 마음의 자세를 바르게 한다.
돈이 너무도 갖고 싶다고 해서 돈 많은 사람을 무시하지 않는다.
돈에 대한 비꼬인 심사를 떨쳐 낸다.

돈을
언제나 존재하는
공기처럼 생각한다

이제부터 본격적으로 돈에 대해서 어떤 '본연의 자세'를 취해야 하는지 함께 생각해 보도록 합시다.

결론부터 말하면, 돈이 들어오는 '본연의 자세'에는 4단계가 있습니다. 그 단계를 차근차근 밟아 가면 확실히 돈이 들어오기 시작합니다.

이제부터 당신의 '상식 밖'의 일에 관해 이야기하겠습니다(돈이 있는 사람은 돈이 없는 사람의 상식 밖에서 살아가기 때문입니다).

먼저 1단계입니다.

돈이 들어오는 '본연의 자세'를 익히기 위한 1단계는 바로 돈의 '존재'를 깨닫는 것입니다.

'존재'를 깨닫는다는 말은 과연 무슨 뜻일까요?

돈이나 풍족함을 대하는 '마음의 자세'는 공기를 대하는 것과 똑같이 하면 됩니다.

공기는 어디에나 '존재'합니다. 돈도 마찬가지입니다.

돈=공기.

이렇게 생각하면 돈이나 풍족함도 공기처럼 확실하게 얻을 수 있습니다.

다시 말해, 돈이 들어오는 사람이 되기 위한 1단계는 돈이나 풍족함이 공기와 마찬가지로 '눈에 보이지 않지만 있다'고 깨닫는 것입니다.

하지만 그렇게 생각하는 것 자체가 쉽지 않습니다.

제가 블로그에 '돈=공기'라고 썼더니 '무슨 의미인지 도무지 모르겠다'는 댓글이 많이 달렸습니다.

이 책을 읽는 여러분의 머릿속에도 물음표가 가득할 것이 분명

합니다.

왜 돈은 공기와 같을까요?

이것에 관해 잠시 설명하겠습니다.

공기는 누구에게나 공평하게 주어진다

우리는 모두 공기를 들이마시고 있습니다. 누군가가 한가득 들이마시면 그곳만 공기가 감소한다거나 다른 곳만 공기가 많아질 리가 없습니다.

널리, 끝없이, 평등하게.

자기 혼자만 독점하거나 숨을 마음껏 들이마셔서 굳이 모아 놓지 않더라도 공기는 항상 필요한 만큼 반드시 들어옵니다.

어째 뭔가 좀 이상하지 않나요?

분명 공기는 눈에 보이지 않습니다. 그런데도 어떻게 '있다'는 사실을 아는 것일까요?

왜 없어지지 않는다고 믿을 수 있을까요?

사람은 누구나 공기가 '있다', '없어지지 않는다'고 믿습니다. 당신도 그 사실을 믿고 있습니다. 이는 모든 사람의 '대전제'입니다.

우리는 "공기는 쉽게 얻을 수 없으니 열심히 노력해서 모으세요. 조심히 들이마시도록 하세요"라고 배우지 않았습니다. 반대로 심호흡은 체조 등을 할 때 배웠기에 아무리 숨을 쉬어도 '없어지지 않는다', '쉽게 얻을 수 있다', '항상 존재한다'는 전제를 알고 있습니다.

앞 장에서 자신의 대전제와 똑같은 현실이 다가온다고 설명했습니다.

눈에 보이지 않지만 '존재'한다.
평등하게 '존재'한다.
어느 곳에나 '존재'한다.
없어지지 않는다.

모든 사람의 대전제, 당신의 대전제가 이와 같기 때문에 공기는 확실히 '존재'하고, 들이마실 수 있고, 필요한 만큼 돌아오는 현실이 다가옵니다. 이 사실을 알고 있기에 우리는 아무리 숨을 쉬어도 불안하거나 공포를 느끼지 않습니다.

그렇다면 돈은 어떨까요?

돈은 눈에 보이지만, 그 뒤에 있는 풍족함은 눈에 보이지 않습니다. 그래서 눈에 보이는 돈만 보고 풍족함의 '존재'를 깨닫지 못하면, '이것밖에 없어', '이미 사라졌어', '너무 부족해', '돈이 없어!'라고 생각합니다.

설령 10억 원을 갖고 있더라도 풍족함의 '존재'를 깨닫지 못하는 사람(=풍족함을 받아들이려고 하지 않는 사람)은 '아직 부족해', '좀 더 있어야 안심할 수 있어', '돈이 없어지면 어떡하지?'라고 생각합니다.

'돈이 없다!'고 하는 사람은 정말로 돈이 없는 게 아니라 돈의 뒤에 있는 풍족함을 '보지 못한다', '없다고 생각한다', '받아들이려고 하지 않는다', '있다고 배우지 않았다', '그와 반대로 배웠다'고 하는 것에 불과합니다.

어느 누구도 공기가 사라질 수 있다고 생각하지 않습니다.

'공기를 너무 많이 들이마시면 내 몫이 사라진다.'
'옆 사람이 너무 많이 들이마셔서 내 공기가 줄어든다.'
'내일은 노후에 필요한 내 몫의 공기가 없을지도 모른다.'

이처럼, 공기는 없어지는 것이기 때문에 무슨 일이 생겼을 때를 대비해서 지금부터 공기를 모아 놓아야 한다고 생각하는 사람은 아무도 없습니다.

돈도 공기와 똑같다고 생각하기 바랍니다.

'돈이 있다.'

'풍족함이 있다.'

'돈을 모으지 않아도 나에게 돌아온다.'

누구나 돈을 많이 벌 수 있다는 생각

이렇게 믿어 보세요.

당신의 돈에 대한 '본연의 자세', 돈에 대한 '대전제'를 바꿉시다.

그렇게 하면 돈은 공기와 마찬가지로 반드시 돌아옵니다.

돈(=풍족함)은 '없는' 것이 아니라 '있습니다.' 하지만 당신이

받지 않을 뿐입니다.

받으려고 하지 않을 뿐입니다.

받을 수 있다고 생각하지 않을 뿐입니다.

없는 것으로 여기고 있을 뿐입니다.

그렇게 배워 왔으니까,

그 사실만 알았으니까,

그렇게 믿어 왔기 때문입니다.

애정도 마찬가지입니다.

눈에 보이지 않지만 '존재'합니다.

'없다'고 생각해도 '있습니다.'

그저 당신이 받으려고 하지 않을 뿐입니다.

이제부터는 '돈=공기=애정'으로 생각하기 바랍니다.

돈이 따르는 엄마의 마음 습관 _____

아무도 공기가 사라질 수 있다고, 아끼고 모아야 한다고 생각하지 않는다.

마찬가지로 돈도 '없는' 것이 아니라 '있다.'

마찬가지로 애정도 '없는' 것이 아니라 '있다.'

이제부터 공기도, 돈도, 애정도 있다고 생각하라.

있다고 생각하면
돈의 존재가
보인다

'돈=공기'입니다.

따라서 분명히 어디에나 존재하며 누구나 갖고 있다고 누누이 말해도 대부분의 사람들은 "결코 그렇지 않아요. 나한테는 들어오지 않습니다"라고 말합니다.

하지만 그것은 자신이 스스로 돈을 받지 않으며 막고 있기 때문입니다. 수입이 남편이 주는 돈뿐인 아내도 "나에게는 수입이 없습니다", "남편 월급이 오르지 않으니 돈이 넉넉치 않습니다"라고 하며 자기 스스로 돈을 막고 있을 뿐입니다.

"아니, 내가 막고 있다니요. 월급을 결정하는 쪽은 남편 회사라고요. 저는 막고 있지 않습니다!"

많은 사람들이 이렇게 한목소리로 외치는 듯하군요.

물론 남편의 월급이 오르지 않을 수 있습니다. 당신이 생각한 대로 되지 않을지도 모릅니다. 그렇지만 '많은 양의 좋은 일'과 '풍족함'은 항상 찾아오고 있습니다.

제가 이야기하고 있는 것은 '좋은 일을 많이' 일으키는 방법(=방식)이 아니라 '좋은 일이 많이 있었다'고 깨닫는 '본연의 자세'입니다.

'있는' 것을 깨닫지 못하는 사람과 아예 깨달으려고도 하지 않는 사람은 많은 양의 풍족함을 '다시 한 번' 줘도 이렇게 말합니다.

"아직도 부족해."
"아직 아무것도 못 받았어."

따라서 지금의 '본연의 자세'를 그대로 유지하면, 무슨 일이 있든, 어디에 가든, 복권에 당첨되든, 어떻게 생활하든 '부족한' 상태의 현실만 다가옵니다.

"고코로야 씨가 한 말은 잘 알겠습니다. 그럼 돈이 '있다'고 깨달 았다 치고, 그래서 가장 중요한 돈은 어디에서 오는 겁니까? 매달 내야 하는 집세는 어디에서 나오죠? 돈이 하늘에서 내려오기라도 한다는 말입니까?"

네, 하늘에서 내려옵니다.

'말도 안 돼'라고 여길 테지만, 일단 전제가 잘못됐습니다. '돈 이 있다고 깨달았다 치고'라는 말은 아직 깨닫지 못했다는 뜻입니 다. 그러니 '모르는' 것입니다. 아직 '상식'에서 벗어나지 못했습니 다. 이렇듯 사람은 체험한 적이 없는 일을 깨닫지 못합니다.

깨달으면 반드시 변화가 생깁니다. 그러므로 깨닫기 위한 첫걸 음은 믿어 보는 것입니다. '있다'고 믿어 보는 것입니다. 그러면 현실에 '상식 밖'의 일이 일어납니다. 그때 비로소 믿을 수 있습니 다. 진짜 이야기는 바로 그 지점에서부터 시작됩니다.

순서가 거꾸로 되어 있습니다.

일단 '있다'고 믿어 보세요. 당신이 상식으로 생각한 이론, 정석, 왕도, 즉 대전제를 바꿔 봅시다.

그렇게 하면 그 이후의 현실이 달라집니다.

'있다'는 증거가 '눈에 보이기' 시작합니다. 그러면 비로소 이미 '존재'하는 풍족함을 '깨달을' 수 있습니다.

'왠지 모르겠지만' 찾아오는 풍족함

그런데 이 풍족함이란 무엇을 의미할까요? 돈일까요?

돈인 사람도 있고, 돈이 아닌 사람도 있습니다.

풍족함이 어떤 형태로 찾아올지는 저도 모릅니다. 아는 사람이 아무도 없습니다. 풍족함은 우리의 예상을 훨씬 초월한 곳, 상식 밖에서 찾아오기 때문입니다. 따라서 풍족함의 정체를 몰라도 됩니다. 상상해도 소용없습니다.

저도 많은 사람의 체험담을 듣고 항상 '말도 안 돼!'라며 깜짝 놀랍니다.

'본연의 자세'를 바꿔서 풍족해진 사람은

"왠지 모르겠지만 돈이 들어오기 시작했어"

"왠지 모르겠지만 더 이상 돈 문제로 고생하지 않아"

라고 말합니다.

풍족함은 상상을 초월한 곳, 즉 '알 수 없는 곳'에서 찾아옵니다.

이에 대해 고코로야 상담 교실에서는 '고코로야 매직'(다른 이름 '타력')

이라고 부릅니다.

'왠지 모르겠지만' 굉장한 일이 일어났다.

'왠지 모르겠지만' 풍족해졌다.

'왠지 모르겠지만' 부모님의 유산이 들어왔다.

'왠지 모르겠지만' 부잣집에 시집을 가게 되었다.

'왠지 모르겠지'….

제 주위에서는 이런 일이 비일비재하게 일어나고 있습니다.

당신도 체험해 보기 바랍니다.

돈이 따르는 엄마의 마음 습관 _____

풍족함은 상상을 초월한 곳, 즉 '알 수 없는 곳'에서 찾아온다.

어떤 형태로 오는지는 알 수 없다.

확실한 것은 '왠지 모르겠지만' 굉장한 일이 일어난다는 것이다.

당신이 믿기만 하면, 당신에게도 일어난다.

나도
부자가 될 수 있다고
믿는다

'본연의 자세'를 바꾼 정도로 부자가 된다면 세상 모든 사람이 부자가 되었을 것이라며 화를 내는 사람이 있었습니다.

또 모든 사람의 월급이 오르는 것도 아니고, 모두가 풍족해진다고는 단언할 수 없다면서 진지한 얼굴로 말하는 사람도 있었습니다.

저는 이렇게 대답했습니다.

"다른 사람이 믿고 안 믿고는 아무래도 상관없습니다. 그들 속에 무작정 '자신'을 포함시키지 말고, 좀 더 자기 자신을 믿어 보세요. 당신의 몇 안 되는 경험과 보거나 들은 정보로부터 함부로 '없다'고 단정하면 안 됩니다. 이 모든 것이 부자에게는 당연한 일입니다."

모두가 '본연의 자세'가 잘못 되어 있기에 모든 사람이 부자가 되지 못할 뿐입니다.

더 이상 돈 문제로 고생하지 않게 된 사람은 '부자가 될 것 같아서' 제 말대로 행동한 것이 아닙니다. 상식 밖의 일을 '믿어 보자'고 생각했더니, 자신이 이미 '풍족한' 상태이며, '자신은 풍족함을 충분히 받을 수 있는 존재'라는 사실을 깨달은 것입니다.

이렇듯 자신의 '본연의 자세'를 먼저 바꿨기에 나중에 그에 맞는 현실이 찾아왔습니다.

부자가 될 수 있다고 자신을 허락하기

돈은 공기와 같습니다. 그러므로 '누구든지' 받을 수 있다는 사실을 가장 먼저 깨달아야 합니다. 이것이 1단계입니다.

이제 중요한 것은 2단계입니다.

'나는 풍족함을 얻을 수 있는 존재'라고 깨닫는 것, 자신을 인정하는 것, 받아도 된다고 자신을 허락하는 것입니다.

돈이 엄청 많아도 자기 자신을 인정하지 않는 사람은 죄책감 때문에 돈을 쓰지 못합니다. 남편이 부자여도 남편에게 돈을 받는 것에 죄책감을 느껴서 남편의 돈을 쓸 수 없습니다. 돈(=풍족함)을 받을 수 없는 것입니다. 죄책감을 느낀다는 것은 자신에게 '죄'가 있다고 여기는 것과 같습니다.

나는 '죄'가 있고 가치가 없으므로 좋아하는 물건을 사면 안 된다.

더구나 돈벌이도 없는데 돈을 받으면 안 된다.

이런 죄책감에 사로잡혀서 모처럼 100만 원을 받아도 자신을 위해 쓰지 않고 살림에 보태거나 누군가를 위해 사용합니다. 남을 위해 돈을 써서 겨우 죄책감에서 해방되는 것입니다.

도대체 얼마나 자신을 책망하고 깎아내려야 할까요?

'나는 쓸모없다.'

'노력이 부족하다.'

'돈을 쓸 가치가 없다.'

'폐를 끼친다.'

'능력이 없다.'

'미움받는다.'

'기대에 부응하지 못한다.'

이런 '죄'를 용서받지 못했다고 생각하기에 누군가 자신을 칭찬해도 믿지 않으며 '그럴 리 없다'고 자신을 질책합니다. 그렇게 틈만 나면 자신을 질책하다가, 결국에는 주변에 아무도 없게 되고, 그러면 또 그것에 대해 자신을 책망합니다. 혹은 반대로 "날 무시해!?"라고 소리치며 화를 내기도 합니다.

아니, 아무도 당신을 무시하거나 책망하지 않습니다. 당신만 제외하고. 당신 이외의 사람들은 당신에게 '죄'가 있다고 느끼지 않습니다. 게다가 그 '죄'는 원래 처음부터 존재하지 않았습니다.

그러므로 자신을 인정하세요. 이제 용서합시다. 당신은 그저 존재할 뿐이며, 가치가 있고 풍족한 사람입니다.

예전에 스스로 인정할 수 없는 경험을 한 적이 있다고 해서 인정할 수 없는 '존재', '사람'인 것은 아닙니다. 타인이나 부모에게 기쁨을 주지 못했어도 잘못한 것이 아닙니다.

돈을 받아도 되는 존재, 엄마

앞에서 '존재급'에 대해 설명했듯이, 이제 자신의 '존재급'을 인정합시다.

그리고 풍족함이 공기와 마찬가지로 '존재'한다고 깨달으면 착실히 받아들이기 바랍니다.

엄마인 당신은 받아도 되는 사람이기 때문입니다.

자신이 훌륭한 사람이라는 '대전제'로 바꿔 보세요.

그렇게 하면 풍족함을 충분히 누릴 수 있는 사람이 됩니다.

대전제에 걸맞은 사람이 되면 이에 상응하는 풍족함이 찾아옵니다.

갑자기 바꾸지 않아도 상관없습니다.

'어디 한번 바꿔 볼까?'

'믿어 볼까?'

'그렇다고 여겨 볼까?'

이것으로 충분합니다. 이 생각만으로도 '본연의 자세'가 조금씩 달라지기 시작합니다. 그리고 조금씩 달라지는 만큼 현실에도 변화가 일어납니다.

돈이 따르는 엄마의 마음 습관 _____

모처럼 100만 원이 생겼다.

나를 위해 쓸 것인가? 살림에 보태거나 가족을 위해 쓸 것인가?

이제라도 나는 풍족함을 누려도 되는 존재라고 인식하자.

원하는 것만
골라 받지 않고
통째로 받는다

돈(=풍족함)이 들어오는 사람의 '본연의 자세'를 만드는 법에 대해 이야기하고 있습니다. 1단계와 2단계는 돈의 '존재'와 나의 '존재'를 깨닫는 것이었습니다.

그런데 여기서 한 가지 주의해야 할 점이 있습니다. 이제부터 3단계에 대해서 설명하겠습니다.

풍족함을 얻는다고 해도 항상 좋은 것'만' 받을 수는 없습니다. 지갑을 크게 벌리면 벌어진 만큼 많은 돈이 들어오지만, 돈 이외에 먼지나 쓰레기, 잡동사니도 들어옵니다.

하지만 쓸데없는 물건은 필요 없다며 지갑을 닫아 버리면, 자신이 원하는 돈도 들어오지 않습니다. 풍족함을 얻으려고 하면 원하는 것뿐만 아니라 원하지 않는 것도 받을 각오를 해야 합니다.

돈이 들어오는 사람이 되기 위한 3단계는 바로 '원하는 것만 골라 받지 않고 통째로 받는다'입니다.

전체를 선택하니 더 풍족해지는 마법

트럼프 카드를 상상해 보세요.

트럼프 카드의 무늬로는 하트, 다이아몬드, 스페이드, 클로버가 있습니다. 예를 들어, 이 카드의 하트는 애정, 다이아몬드는 돈, 스페이드는 폭력, 클로버는 슬픔을 의미한다고 합시다.

이제 트럼프 카드를 섞은 뒤 한 사람씩 나눠 줍니다. 그러면, 각자 공평하게 분배할 수 있습니다(물론 충분히 섞지 않으면 카드가 한 사람에게 몰릴 수 있지만). 이것이 우리의 인생입니다.

다시 말해, 사람이 살다 보면 누구나 하트와 다이아몬드, 스페이드, 클로버가 골고루 찾아옵니다. 좋은 일, 나쁜 일, 힘든 일, 즐거운 일, 괴로운 일, 남들의 눈에 띄는 일, 무시당하는 일, 기분 좋은 일이 모두 순서대로 찾아옵니다. 그것이 바로 우리가 사는 인생입니다.

또 트럼프 카드는 모두 뒷면의 무늬가 같습니다. 어떤 카드든지 뒤집으면 똑같은 무늬가 나옵니다.

인생이라는 트럼프 카드 뒷면에도 전부 '사랑', '풍족함'이라는 무늬가 그려져 있습니다. 즉, 어떤 일이든지 뒤집으면 '사랑'과 '풍족함'으로 이루어져 있다는 뜻입니다.

만일, '나는 하트만 필요해', '나는 다이아몬드를 많이 원해', '나는 스페이드가 너무 싫어', '클로버는 필요 없어'라며 좋아하는 것만 고르면, 자신에게 돌아오는 트럼프 카드가 점점 줄어듭니다.

또 '그 하트가 필요해', '하지만 이 하트는 필요 없어', '하트 3은 말도 안 돼'라고 하면(이 말은 '그 사람의 애정을 원한다', '하지만 이 사람의 애정은 필요 없다'는 뜻입니다), 받을 수 있는 트럼프 카드가 점점 더 줄어듭니다.

받을 수 있는 카드가 줄어들면 당연히 뒷면에 쓰여 있는 '사랑'과 '풍족함'도 줄어듭니다. 우리는 이런 식으로 자신이 스스로 트럼프 카드를 버리고 있으면서 '어째서 나한테는 애정과 돈이 들어오지 않을까?'라면서 투덜거립니다.

하트이든, 다이아몬드이든, 스페이드이든, 클로버이든, 좋은 일이나 나쁜 일도 전부 받을 각오를 해야 인생이 사랑과 풍족함으로 넘칩니다. 어느 트럼프 카드든지 뒤집으면 모두 같은 무늬, 즉 '사랑', '풍족함'이 쓰여 있기 때문입니다.

그런데 풍족해질 수 없는 사람, 사랑받지 못하는 사람은 자신이 좋아하는 카드 외에는 다 버립니다.

순서대로 평등하게 나눠 주는데도 자기 스스로 트럼프 카드를 버리고는 '내 카드의 수가 적다', '제대로 된 카드가 들어오지 않는다'며 늘 불평불만만 늘어놓습니다.

자신이 버린 것은 모르고 '나한테는 하트를 한 장도 나눠 주지 않았다'고 푸념만 합니다.

결국 갖고 있는 카드의 수가 적은 탓에 인생이 생각처럼 앞으로 나아가지 않으며, 이때다 싶을 때 과감히 승부를 걸 수 없습니다.

'이건 갖고 싶다. 하지만 이건 필요 없다.'
'일을 하고 싶다. 하지만 바쁜 건 싫다.'
'결혼하고 싶다. 하지만 구속되기는 싫다.'
'친절함은 좋다. 하지만 우유부단함은 싫다.'
'자유가 필요하다. 하지만 신경 써 주지 않는 건 싫다.'

'유명해지고 싶다. 하지만 사람들에게 비난받기는 싫다.'

통째로 받으니 더 풍족해진다

자신에게 유리하거나 갖고 싶은 것만 원하면 풍족함을 얻을 수 없습니다. 돈이 들어오지 않는 이유는 필요 없는 것은 버리고 좋은 것만 얻으려고 하기 때문입니다. 필요 없는 것은 아예 받으려 하지 않기 때문입니다.

스페이드나 클로버 카드가 들어오더라도, 인생이라는 트럼프 카드는 뒤집으면 전부 '사랑', '풍족함'이 쓰여 있습니다. 카드를 골고루 받다 보면, 자신도 모르는 사이에 '사랑'과 '풍족함'으로 가득 차서 넘칩니다.

받는다는 것은 이런 의미입니다. 그러니 모든 것을 받아들입시다.

공기도 마찬가지입니다.

'이쪽의 공기만 들이마시고 싶다. 저쪽의 공기는 들이마시고 싶지 않다'라고 말하지 않습니다. '산소만 들이마시고 싶다. 이산화

탄소는 싫다.' 그러면 숨을 쉴 수 없습니다. 때로는 공기에서 조금 냄새가 나거나 먼지가 나더라도 아무렇지 않게 들이마십니다.

이렇듯 풍족함도 전부 통틀어서 받아들이면 점점 더 많이 들어올 것입니다.

돈이 따르는 엄마의 마음 습관 _____

누구에게나 인생은 '통째'로 주어져 있다.

그중에서 좋은 것만 받고 싫은 것은 안 받을 수 없다.

싫은 것이 섞여 있더라도 '통째'로 많이 받으면 그만큼 좋은 것도 많아진다.

풍족함을
얻으면
반드시 내놓는다

이제 3단계가 끝났습니다. 마지막 4단계는 이렇습니다.

'풍족함을 얻으면 반드시 내놓는다.'

풍족함을 얻으면 반드시 내놓읍시다. 내놓지 않으면 다음이 돌아오지 않습니다. '돈은 천하를 돌아다니는 존재'라고 하지 않습니까?

돈과 풍족함, 사랑, 공기, 나무, 에너지 등 그것이 무엇이든 전부 들어오면 확실히 내놓으세요. 순환시켜야 자신에게 돌아옵니다.

저수지에 물을 모아 놓는 것과 똑같습니다. 새로운 물이 들어오지 않아서 물이 썩어 가고, 그러는 사이에 물이 증발하거나 땅속에 스며들어서 전부 사라지고 맙니다.

모처럼 풍족함을 얻어 놓고도 자신이 있는 곳에서 순환을 멈추려고 하면 그 다음부터 돈과 풍족함이 들어오지 않습니다.

'돈이 없어지면 어떡하지?', '돈이 다시 들어오지 않으면 어떡하지?' 하고 불안해하며 순환을 멈추면(=소유하면), 돈이나 에너지, 물건 등이 돌지 않아서 자신에게 돌아오지 않게 됩니다. 또 그럴수록 점점 더 불안해지는 탓에 조금이라도 더 모아서 소유하려고 하므로 순환이 멈추고 불안만 더욱 커집니다.

불안해서 소유하고 흐름을 자신 쪽에서 멈추기 때문에 에너지가 순환하지 않고 더욱더 불안해지는 악순환이 계속 되풀이됩니다.

마치 범인과 경찰의 대화 같지 않나요?

경찰: 인질을 넘겨. 돈은 준비해 놓았다.

범인: 돈부터 이리 줘. 그러면 인질을 풀어 주지.

경찰: 어리석은 놈. 인질이 먼저다.

범인:　바보 같은 소리하지 마. 돈이 먼저야!

경찰:　바보는 네놈이겠지. 인질을 풀어 줘.

범인:　먼저 돈을 이쪽으로 던져.

공기처럼 순환하는 돈의 흐름

경찰과 범인 둘 다 자기에게 넘겨주면 그것으로 끝이라고 생각합니다. 사실은 순서가 반대입니다. 범인을 믿고 돈을 넘겨줘야 합니다.

'내가 먼저 넘겨준다.'

'내가 먼저 순환시킨다.'

'내가 먼저 사용한다.'

돈이나 풍족함은 계속 내놓으면 점점 순환하는 '본연의 자세'로 바뀌어 갑니다.

이것이 '손해 볼 각오'입니다.

돈이 '있다'는 전제를 가지고 있으면 계속 순환시킬 수 있고 '손해 보는 것'도 무섭지 않습니다. 정말로 손해를 보는 경우도 물론 있습니다. 하지만 계속 순환시키다 보면 '있다'는 전제로 바뀌어 돌아옵니다.

자신이 있는 곳에서 멈추면 안 됩니다.
멈춰도 돈은 늘어나지 않습니다.
공기와 마찬가지로 밖으로 내보내지 않으면 들이마실 수 없습니다.

돈이 따르는 엄마의 마음 습관 _____

저수지의 물은 나가지 않으면 들어오지 않는다.
돈도 나가지 않으면 들어오지 않는다.
내게서 순환을 멈출 것인가, 나로부터 순환을 시작할 것인가!

악착같이
절약하지
않는다

저는 심리상담사가 되기 전에 대기업 사가와큐빈(佐川急便)에서 근무했습니다. 당시 굉장히 많은 월급을 받았지만, 무슨 이유에서인지 돈을 전혀 모으지 못했습니다. 그때 대졸 신입사원들이 받았던 평균 임금의 2배에 가까운 액수부터 시작해서 급여가 계속 올라갔습니다.

회사로부터 이렇게 많은 돈을 받았고 일하느라 바빠서 사용할 틈이 없었는데도 웬일인지 저는 늘 돈 문제로 고생했습니다. 돈이 전혀 모이지 않는 것이 이상했습니다.

저는 가계부를 적기로 했습니다. 점심에 저렴한 소고기덮밥을 먹으러 가서도 달걀을 추가하거나 된장국을 주문하지 않도록 주의했습니다.

그래도 돈이 모이지 않았습니다. 절약하면 할수록 돈을 모을 수 없었습니다. 마치 세계 7대 불가사의 같았습니다. 게다가 기껏 절약했더니 갑자기 지갑을 잃어버리거나 사고가 나거나 하찮은 물건을 사느라 큰 손해를 보기도 했습니다.

어느 날, 제가 정말로 좋아하는 아티스트의 라이브 콘서트가 열렸습니다.

50만 원이 넘는 황금 티켓을 손에 넣을 기회가 있었으나, 죽도록 생각한 끝에 돈이 아까워서 포기했습니다. 그런데 타고 다니던 자동차에 문제가 생겨서 수리비로 50만 원이 넘게 청구되었습니다. 인색하게 굴면서 돈을 쓰지 않으려고 하니까 강제적으로 쓰게 되었습니다.

아무리 돈을 모으려고 해도 돈은 나보란 듯이 사라져 갔습니다. 이럴 거라면 차라리 돈을 내놓는 게 낫습니다. 돈을 내서 순환시키는 편이 좋습니다.

그 후 회사를 관두고 심리 상담 교실을 개업하는 등 여러 가지 일이 있었으며, 돈을 대하는 저의 '본연의 자세'도 바뀌었습니다.

그리고 돈(=풍족함)은 '없는' 것이 아니라 '있는' 것임을 깨달았습니다.

자신의 마음속 '전제'가 바뀌자 돈의 '흐름'도 바뀌었습니다.

'있다'고 깨달았더니 모든 것이 달라졌습니다.

제 자신의 말과 행동, 분위기, 주위를 둘러싼 환경까지 싹.

부자는 돈이 있다고 전제한다

절약하던 시절에는 '없다'는 대전제를 갖고 있어서 돈을 쓰지 않고 절약했습니다.

이는 '나는 돈이 없는 사람이다'라고 자기 자신에게 주입한 것과 같습니다. 그런 사람에게 돈이 들어올 리가 없습니다. 자신의 행동을 살펴보면 자신이 어떤 전제를 갖고 있는지 알 수 있습니다.

그러나 '있다'고 깨닫고 돈이 줄어들지 않는다는 사실을 알고 난 후부터는 돈을 계속 내놓기 시작했습니다. 그랬더니 신기하게도 돈이 돌아왔습니다.

누구나 공기를 조금씩 아껴서 들이마시지 않습니다. 편한 마음으로 들이마시고 편하게 내뱉으면 됩니다.

돈도 들어오면 내놓읍시다. 착실하게 순환시킬 수 있도록 마음의 '본연의 자세'를 바꾸면 풍족함이 돌아옵니다.

제가 그랬듯이 여러분도 풍족한 사람이 될 수 있습니다.

돈이 따르는 엄마의 마음 습관 _____

나는 돈이 '없는 사람'이니까 돈을 쓰지 않을 것인가,
나는 돈이 '있는 사람'이니까 돈을 쓸 것인가.
나는 어떤 사람이 되고 싶은가?

돈 쓰는 데
의미를 따지지
않는다

"돈의 흐름을 막지 말고 확실하게 순환시켜야 한다는 것은 잘 알겠습니다. 과감하게 시도해 보겠습니다. 하지만 어디에 돈을 써야 합니까? 그냥 낭비해도 괜찮습니까?"

이렇게 물어보는 사람이 있습니다.

그러면 저는 이렇게 대답합니다.

"아, 아무 일에나 사용해도 상관없습니다."

돈을 아끼거나 돈의 용도를 '좋다', '나쁘다'로 판단하지 말고, 의미 있는 일에도, 의미 없는 일에도 의도적으로 사용해 보세요.

그렇게 하면, 자신의 '대전제', 어릴 때부터 배워 온 돈을 대하는 '본연의 자세', '좋다' 혹은 '나쁘다'고 판단하는 상식, 생각의 틀이 무너져서 돈을 순환시킬 수 있습니다.

우리의 마음속에는 '낭비하면 안 된다', '무의미한 일에 돈을 헛되이 쓰지 마라', '돈은 고생해서 벌어야 한다'는 대전제, 즉 상식이 주입되어 있습니다. 그 결과, 그 말대로 돈 때문에 고생하는 현실이 다가옵니다.

'절약'한다는 이유로 선뜻 내지 않으려고 하며, '낭비'한다는 이유로 내놓기를 꺼립니다. 하지만 가게에서 물건을 샀는데 '돈 낭비'라는 핀잔을 들었다고 해도, 그 가게 점원 입장에서는 내가 물건을 사고 준 돈으로 가족을 부양하고 밥을 먹습니다. 돈은 그렇게 순환하고 있는 것입니다.

또 '어차피 돈을 쓸 거라면 좋은 일에 의미 있게 쓰고 싶다'고 하는 사람이 있지만, 자신이 돈을 낸 곳에서 정말로 '좋은 일'에 사용할 것인지는 보장할 수 없습니다. 게다가 '좋은 일'이라는 것도 당신이 생각하는 '좋은 일'일 뿐입니다.

이를테면, '좋은 일'이라고 생각해서 종교단체에 기부했는데 종교단체가 그 돈으로 벤츠를 구입하면 화가 나고 저렴한 중고 경차를 사면 괜찮다고 할 수 있습니다. 하지만 그것은 단지 각자의 호불호에 따른 문제일 뿐입니다.

그러므로 선악이나 손익, 좋고 나쁨을 생각하는 것 자체가 무의미하다고 할 수 있습니다.

기분이 좋아지는 일에 돈을 써라

저는 얼마 전에 친구와 골프를 치러 갔다가 돌아오는 길에 불고기를 먹었습니다. 그런 다음 슈퍼마켓에 들러서 고양이 사료를 구입했습니다.

이 행위로 골프장과 불고기집, 슈퍼마켓, 고양이 사료를 만든 회사와 이를 운반한 운송회사에 돈이 돌아갔습니다. 또 그 돈은 그곳에서 일하는 사람들의 생활비와 즐거움을 위한 돈, 학비로 바뀝니다.

이렇게 의미가 있든 없든, 낭비를 하든 말든, 돈을 순환시킵시다.

각자 돈을 내놓고, 또 그 돈을 받아서 저마다 행복을 위해 사용하면 그걸로 충분하지 않을까요?

그래서 저는 돈을 '좋아하는 것', '기분이 행복해지는 것'에 사용하고 싶습니다.

돈의 순환이란 바로 이런 것이라고 생각합니다.

돈이 따르는 엄마의 마음 습관 _____

내가 쓰는 돈이 의미가 있는지, 없는지 따지지 말자.

내가 '좋아하는 것', '기분이 행복해지는 것'에 쓰면 그뿐이다.

죄책감 없이 편한 마음으로 써라!

아이에게
용돈을
듬뿍 준다

'아이에게 세뱃돈을 이유 없이 넉넉하게 줍시다.'

이렇게 말하면 아이에게 돈을 많이 주면 안 된다고 하는 사람들이 있습니다. 그러면서 이런 이유들을 말합니다.

'잘못 사용하니까 안 된다.'
'낭비하니까 안 된다.'
'돈을 쉽게 얻을 수 있다고 생각해서는 안 된다.'
하지만 잘 생각해 보면 이 말들은 지금까지 이야기해 온 풍족함을 대하는 '본연의 자세'와 거리가 먼 사고방식입니다.

'고생해야 돈을 얻을 수 있다.'
'헛되이 사용하면 안 된다.'
'부모가 허락하는 일이어야 한다.'
'너는 신용할 수 없다.'

이런 생각을 아이에게 세뱃돈을 주며 매해 꾸준히 주입하고 있습니다.

아이에게 세뱃돈을 이유 없이 많이 주는 것은 지금까지 설명한 '존재급'을 높여 줍니다. '자기 자신이 쓸모없어도', '아무것도 하지 않았어도', '가치를 제공하지 않았어도', 자기 자신은 '풍족함을 얻어도 되는 존재'라고 믿고, 필사적으로 노력하지 않아도 '풍족함을 얻어도 된다'는 사고방식을 길러 줍니다.

아이가 풍족한 부자가 되는 전제

물론 지금까지 믿어 온 엄격한 '미학'을 중요시하는 사람은 이해할 수 없을 것입니다.

그렇지만 그 '미학'은 '존재급'이라는 풍부한 사고방식과 동떨어진 생각을 매년 주입했습니다. 아이는 '돈의 가치를 잘 모른다'며 돈을 많이 주는 행위에 저항감을 보입니다. '돈의 괴로운 가치'에 얽매여 있는 것입니다.

바로 그렇기 때문에 더욱 더 아이에게 세뱃돈을 의미 없이 듬뿍 줘 보세요. (아마도) 풍족한 아이가 될 것입니다. 부자인 아이는 '바로 그렇기 때문에' 그대로 부자로 자랍니다. '사고방식' 자체가 다르기 때문입니다.

아이에게 큰돈을 주면 불안해하는 사람도 있습니다.

'한 번에 다 써 버리면 어쩌지?'
'돈의 소중함을 모르면 어쩌지?'
'게임 같은 것이나 하면 어쩌지?'

하지만 실제로 제 강의를 듣고 세뱃돈 듬뿍 주는 실험을 한 사람의 경험을 들으면 쓸모없는 걱정이라는 것을 알 수 있습니다.

그저 평소 갖고 싶거나 하고 싶었지만 엄두를 내지 못했던 것을 '시도'했습니다. 다 쓰지 못하고 가족에게 외식으로 한 턱 내는 경우도 있었습니다.

또 게임을 하는 데 돈을 쓰면 어떻습니까? 게임을 부정적으로 생각하는 것은 당신만의 가치관일 뿐이니까요. 다시 말하자면, '내 마음에 드는 방법으로 사용해!'라는 뜻일 뿐입니다.

그런 것은 더 이상 의미가 없습니다. 아이를 우습게보면 안 됩니다. 아이는 자기 스스로 결정하고 이해하며 실패를 통해 비로소 배우기 시작합니다. 자신의 가치관, 자신이 '좋아하는 것'을 키워 나갑니다.

돈이 따르는 엄마의 마음 습관 _____

아이에게 돈의 소중함을 가르쳐야 한다?
돈은 노력 없이 받을 수 없다?
그런 편견으로 아이를 돈에 쩔쩔 매는 사람으로 키우지는 않는가?

04
평생 돈에
구애받지 않는 법

- 돈은 공기와 같다. '존재'를 깨닫는 것이 중요하다. 공기는 '너무 들이마시면 사라진다'고 걱정할 필요가 없으며, 모든 사람에게 골고루 미칠 만큼 충분히 있다.

- 왠지 모르겠지만' 부모님에게 용돈을 받았다, '왠지 모르겠지만' 부잣집에 시집을 갔다, '왠지 모르겠지만' 특별 보너스가 나왔다. '왠지 모르겠지만'의 힘을 믿는 사람에게는 상상을 초월한 곳에서 풍족함이 찾아온다.

- 풍족함을 얻었다면, 부지런히 모으지만 말고 '내놓거나 써야' 한다.

- 돈을 '먼저 내놓거나 쓰면' 무슨 이유에서인지 다시 돌아온다.

- 절약하기만 하면 자신에게 돈이 돌아오지 않는다.

- 돈을 사용하는 것은 좋은 일이다. 자신이 사용한 돈이 다른 사람의 급여나 생활비, 아이의 학비, 즐거움을 위한 돈으로 유용하게 쓰이기 때문이다.

5장

"돈에 구애받지 않는 엄마가 행복하다"

: 돈이 들어오는 습관 만들기

'가격'이 아니라 '호불호' 기준으로 선택하라

이제부터는 돈이 따르는 엄마가 되기 위한 습관에 대해 구체적으로 생각해 보겠습니다.

'본연의 자세'를 바꾸는 것은 마음의 훈련입니다. 훈련이기 때문에 반드시 습관으로 만들어서 익히기 바랍니다. 여기서는 '본연의 자세'를 바꾸는 여러 가지 훈련 '방법'을 소개합니다. 자신이 직접 할 수 있는 것부터 시작해 보세요.

가장 먼저 가격이 아닌 호불호로 물건을 사는 습관을 익혀야 합니다.

늘 돈이 부족하다고 말하는 엄마는 '가격 기준'으로 살아갑니다. 자신의 호불호보다는 값이 비싸고 싸거나 본전을 찾을 수 있는지 없는지를 기준으로 선택합니다.

저도 예전에는 늘 그랬는데, 특히 '값싼' 물건을 좋아했습니다. 그 결과, 싸구려를 사서 돈만 버리는 일이 계속되었습니다. 그런 일을 반복하면서 '돈이 줄어드는 이유를 모르겠다', '늘 돈이 없다'는 생각에 푹 빠졌습니다.

가격표를 보지 않고 구매해 보라

'가격 기준'으로 살아가면 공포와 불안으로부터 자유로워질 수 없습니다. 항상 돈을 계산하며 살아야 하기 때문입니다.

돈에 집착해서 돈이 없어지는 불안과 공포에 한없이 떨게 됩니다. 그런 불안과 공포로부터 자유로워지려면 '가격 기준'보다는 재미 혹은 자신의 '호불호 기준'으로 선택하는 용기를 가지면 됩니다.

이를테면, 가격표를 보지 않고 '호불호 기준'으로 선택해 봅시다. '가격 기준'으로 살아온 사람에게는 용기가 필요합니다.

하지만 일단 해 보세요.

시도해 보기만 해도 세상이 달라질 테니까요.

자신의 호불호 기준으로 살면 자신이 '정말로' 갖고 싶은 것을 깨닫는 계기가 될 수도 있습니다.

우리는 돈이 필요하다고 하지만, 실제로 돈이라는 금속이나 종이를 원하는 것은 아닙니다.

그보다는 돈이 많을 때 가능한 '좋아하는 것을 선택할 수 있는 자유'를 원합니다.

돈이 없어도 선택할 수 있는 자유를 행사할 수 있다면 돈에 대한 집착과 공포가 사라집니다.

그러면 신기하게도 즐거운 일과 풍족함이 끊임없이 흘러들어 옵니다.

돈이 따르는 엄마의 마음 습관 _____

카레를 좋아하는 당신, 식당에서 메뉴를 살핀다.

카레우동 10,000원, 김치우동 5,000원, 무엇을 주문할 것인가?

당신은 스스로 행복을 주는 사람인가, 행복을 포기하는 사람인가?

살이 쪄도
수영복을
입겠다고 다짐한다

제가 "가격표를 보지 말고 선택하세요"라고 했더니 여기저기서
비통한 목소리가 들려옵니다.

"그런 건 돈이 있는 사람이 내세우는 이론입니다."
"애초에 그것을 선택할 만한 돈도 없어요."

하지만 그렇지 않습니다. 그 반대입니다.

그런 사고방식은 헤엄칠 수 있게 되면 바다에 가겠다고 말하는
것과 다름없습니다. 살이 빠지면 수영복을 입겠다는 것과 마찬가

지입니다. 전부 반대로 생각하고 행동해야 합니다.

돈이 없어서 못한다고 하지 말고, '있다'고 생각해서 시도하거나 '있다'는 전제로 행동해 봅시다.

'가격 기준'으로 선택하던 일을 이제는 '호불호 기준'으로 선택해 봅시다.

살이 빠지면 수영복을 입겠다고 하지 말고, 일단 살이 울룩불룩 튀어나오더라도 수영복을 입어 봅시다.

일단 좋아하는 것을 하라

돈이 '없다'는 전제로 행동하면 돈이 '없는' 현실만 보입니다.

그러나 돈이 '있다'는 전제로 행동해 보면 신기하게도 돈이 '있는' 현실을 깨달을 수 있습니다.

"돈이 한 푼도 없습니다. 마음에 드는 물건을 구입하면 이번 달 휴대전화 요금도 낼 수 없습니다."

이렇게 말하는 사람이 있는데, 분명한 것은 휴대전화 요금은

'있다'는 것입니다.

밥 먹을 돈도 분명히 있고, 지하철을 타거나, 휴대전화 요금을 내거나, 친구와 만나거나, 잡지를 구입할 돈도 '있습니다.'

우선순위를 '필요한 것'에서 '좋아하는 것'으로 바꾸기만 하면 됩니다.

여기서 '좋아하는 것'이란 '의욕이 생기는 것'을 말합니다.

당신이 믿든 안 믿든, '있는' 것은 '있습니다.'

따라서 돈이 '있다'는 전제로 행동해야 합니다.

그런 식으로 돈을 사용해야 비로소 돈의 '존재'를 체험할 수 있습니다.

돈이 순환해서 돌아오는 것을 실감할 수 있습니다.

'가격 기준'이 아닌 '호불호 기준'으로 선택하는 습관이 돈과 풍족함을 불러옵니다.

돈이 따르는 엄마의 마음 습관 _____

돈이 '없다'는 전제로 행동하면 돈이 '없는' 현실만 보인다.

돈이 '있다'는 전제로 행동하면 신기하게도 돈이 '있는' 현실을 깨닫는다.

당신이 믿든 안 믿든, '있는' 것은 '있다.'

날씬한
부자를
흉내 내라

얼마 전에 재미있는 책을 발견했습니다. 《날씬한 미녀의 생활 습관을 따라 했더니 1년 새 30kg이 빠졌어요》입니다.

저자인 와타나베 폰 씨는 날씬한 미녀가 작성하는 블로그와 뚱뚱한 여성이 작성하는 블로그를 철저하게 조사해서 그 차이를 깨달았다고 합니다. 예를 들어, 날씬한 미녀와 뚱뚱한 여성은 먹는 음식이 완전히 다르다고 합니다.

날씬한 미녀는 점심에 샐러드만 먹거나 "오늘은 안 먹었어"라는 말을 아무렇지 않게 합니다. 또 매일 아침 걷거나 몸에 딱 맞는 옷을 입기도 합니다.

한편 뚱뚱한 여성은 다이어트를 해서 조금 살이 빠지면 자신에게 주는 선물로 음식을 선택해 고기 뷔페에 가서 입가심으로 비빔밥을 먹거나 영화관에 가서 영화가 시작하기 전에 팝콘을 다 먹어 버립니다. 또는 편의점의 물건 배치에 대해 지나칠 정도로 자세히 알거나 체형을 감출 수 있는 튜닉 스타일의 옷을 구입합니다.

대체로 뚱뚱한 사람의 블로그는 '이러니 살이 찌겠구나~'라고 생각할 만한 내용으로 구성되어 있습니다. 날씬한 미녀는 고기 뷔페에 가서 입가심으로 비빔밥을 먹지 않습니다. 영화관에서 팝콘도 먹지 않습니다. 제 아내도 말랐는데 팝콘은 먹지 않습니다.

저자 스스로가 날씬한 미녀라면 누구나 할 법한 일을 완벽하게 흉내 내서 1년 만에 30㎏을 빼는 데 성공했다고 합니다.

그렇다면 부자와 부자가 아닌 사람의 블로그도 확실히 다르지 않을까요?

부자라면 어떻게 할까?

또 어떤 기준으로 돈을 쓸까?

잘 생각해 보면 필연적으로 부자와 가까워질 것입니다. 심리학에서는 이를 모델링이라고 합니다.

예를 들어,

부자라면 날마다 편의점에 갈까?

부자라면 매일 밤 과자를 먹을까?

부자라면 균일가 생활용품 매장에서 식기나 주방용품을 구입할까?

부자라면 옷장 서랍을 열어 놓은 상태로 둘까?

참고로, 뚱뚱한 사람은 일단 싸구려를 구입한다고 합니다. 이는 비싼 물건이 자신에게 어울리지 않다고 생각하기 때문입니다. 어차피 자신은 '이런 걸로 충분하다'고 생각합니다. 자기 자신에 대한 가치가 낮아서 자기도 모르는 사이에 자신을 소홀히 대합니다. 그래서 그에게는 '이런 걸로 충분한' 현실만 다가오는 것입니다.

부자처럼 행동해야 하는 이유

'부자가 되면 어떻게 할까?'

'부자가 되면 어떻게 행동할까?'

'부자가 되면 비 오는 날에 어떤 우산을 쓸까?'

'부자가 되면 어떤 차를 탈까?'

'부자가 되면 물건을 소중히 여길까, 소홀히 대할까?'

이런 것을 상상해서 흉내 내 보세요.

이렇게 사고방식의 가치관을 부자 기준으로 바꿔 나가는 것이야말로 부자에 가까워지는 지름길입니다.

저는 이것을 '부자 놀이'라고 부릅니다. 평소에 부자였다면 어떻게 할 것인지 상상하면서 '부자 놀이'를 하면 부자의 사고방식(= 본연의 자세)을 단련할 수 있습니다.

하지만 한 가지 주의해야 할 점이 있습니다.

부자와 벼락부자는 다릅니다. 벼락부자는 값을 따지는 '가격 기준'으로 물건을 선택합니다. 원하지도 않으면서 '비싼 물건', '비싸다고 알 수 있는 물건'만 선택할 때도 있습니다. 그러나 진정한 부자는 호불호나 편의성 등 '자신의 기준'으로 선택합니다.

어디까지나 '자신의 기준'으로 선택하는 부자를 모델링해야 한다는 점을 잊어서는 안 됩니다.

네? 틀렸다고요?

제 주관적인 생각이지만, '유명한 사람들은 날씬합니다.'

날씬한 부자를 흉내 내기 바랍니다.

유명한 사람들은 돈이 '있다', '언제든지 손에 들어온다'고 생각하기 때문에 이것저것 쓸데없이 모으지 않습니다.

돈이 따르는 엄마의 마음 습관 _____

부자라면 날마다 편의점에 갈까?

부자라면 매일 밤 과자를 먹을까?

부자라면 균일가 생활용품 매장에서 식기나 주방용품을 구입할까?

지금의 나는 어떤가?

부모에게
사랑을 듬뿍받는
아이처럼 산다

저는 오랫동안 고객의 요구를 따르며 살아왔습니다.

이 세상에는 고객의 요구, 고객이 바라는 것을 추구하면 반드시 좋은 결과가 나온다는 비즈니스 마인드와 인생 철학이 왕도로 통용되고 있습니다. 그래서 저도 당연히 그 왕도를 따라 살았습니다.

그것은 그 나름대로 좋은 결과를 얻을 수 있지만 한계가 찾아옵니다.

그러다 최근 몇 년 동안은 전부 그만두었습니다. 고객이 요구하는 것보다 내가 좋아하는 일을 하고, 내가 알리고 싶은 것을 일 방적으로 전하고, 내 사정을 최우선으로 해서 내가 하고 싶은 일만 해 봤습니다.

고코로야 상담 교실의 커리큘럼을 줄여서 쉬고 싶을 때 쉬고 놀고 싶은 곳에 놀러 가서 나만의 노래를 만들어 무대에서 부르기도 했습니다.

그런데도 고객의 요구를 따르려고 했을 때보다 훨씬 더 많은 사람에게 감사의 말을 들었습니다. 또 이런 나라도 괜찮다고 말해 주는 사람들이 많이 모이기 시작했습니다.

고객의 요구나 기대에 응하지 않고 자신의 요구에 응한다는 것은 자신의 '존재급'을 올린다는 의미입니다.

남을 위해 노력하지 않아도,
다른 사람에게 도움이 되려고 하지 않아도,
자기중심적이고 제멋대로 굴며 잘못 생각해도,
줏대 없이 잘 휩쓸려도,
'괜찮다'고 자기 스스로 인정해야 합니다.
그래야 '존재급'을 올릴 수 있습니다.

바꿔 말하면, 자신이 진심으로 즐거운 일을 하면 자신의 긴장감이나 행동이 고조되어 주위 사람들에게 영향을 주는 것인지도 모릅니다.

내 가치는 내가 올리는 것

자신에게는 '가치가 없다', '고객의 요구에 응해야 인정받을 수 있다', '노력해야 사랑받을 수 있다'고 하는 '아부의 대전제'를 없애 봅시다.

고객의 요구에 응하지 않을수록 자신에게 '존재급'이 있다는 사실을 깨닫습니다.

고객의 요구를 따르는 동안에는 '존재급'이 있다는 사실을 모릅니다.

과감히 다른 사람의 요구를 거부해 보세요.

타인의 기대에 부응하는 버릇을 버리고 자신의 요구에 응하는 습관을 들입시다.

그렇게 하면 자신의 '존재급'을 깨달아서 그에 맞는 풍족함이 찾아옵니다.

기대에 부응하는 버릇은 어릴 적 부모의 비위를 맞춰 가며 기쁨을 줘서 애정을 얻은 행위의 흔적입니다.

이제 당신은 그렇게 행동하지 않아도 분명 사랑받고 있다는 것을 깨닫기 바랍니다.

돈이 따르는 엄마의 마음 습관 _____

남을 위해 노력하지 않아도,

다른 사람에게 도움이 되려고 하지 않아도,

자기중심적이고 제멋대로 굴며 잘못 생각해도,

'괜찮다'고 자기 스스로 인정하라.

너무 열심히
일하던 습관을
멈춰라

열심히 일하면 돈이 모인다는 것은 잘못된 생각입니다. 아무리 열심히 일해도 부자가 될 수 없습니다. 그 증거로, 돈이 없는 사람일수록 열심히 일하고 부자일수록 열심히 놉니다.

부자는 녹초가 될 때까지 일한 덕분에 부자가 된 것이 아니라 녹초가 되어 일을 관둔 덕분에 부자가 된 것입니다.

사고방식, 즉 '본연의 자세'가 정반대입니다.

우리는 지금까지 돈이란 '다른 사람에게 받을 수 있는 것=노동의 대가=도움이 된 대가'라고 생각했습니다.

어릴 때부터 그렇게 배워 왔으며, 사회인이 된 후에도 남들이 그렇게 몰아세운 탓에 열심히 노력했고, 누군가의 도움이 되면 칭찬받거나 용돈을 많이 받을 수 있었습니다.

그런 식으로 돈을 노력의 대가, 즉 도움의 대가라고 굳게 믿었습니다. 그래서 녹초가 될 때까지 일해야 돈을 받을 수 있다고 오해했습니다.

하지만 그 생각은 터무니없는 '함정'이었습니다. 자본가의 세뇌에 감쪽같이 넘어간 것입니다. 여러분은 속고 있었습니다.

부자는 녹초가 될 때까지 일하지 않는다

부자는 일하지 않지만, 가난한 사람은 녹초가 될 때까지 일합니다(울화가 치밀어 오르는군요. '가난해도 행복할 수 있다!'라고 말하고 싶습니다. 하지만 속으로는 더 많은 돈이 있으면 좋겠다고 생각합니다. 그렇다면 계속 읽어 보세요).

부자와 가난한 사람의 차이점은 무엇일까요? 바로 '본연의 자세'입니다. 따라서 '본연의 자세'만 바꾸면 됩니다.

자신이 쓸모 있든 없든, 무슨 일을 하든, 자신이라는 존재가 풍족함을 얻을 가치가 있다는 사실을 깨달아야 합니다. 이는 '녹초가 될 때까지 일하지 않는다'는 뜻입니다.

우선 부자를 흉내 내서 일을 그만두는 행동을 따라 해 보는 수밖에 없습니다.

지금까지의 개념과 정반대 행동을 취해 봅시다.

무섭지 않습니까? 정반대로 행동하다니, 말도 안 되는 소리지요.

하지만 그렇게 해야 상황을 역전할 수 있습니다. 그러면 자신의 주위 세상이 반대로 돌기 시작합니다. 일한 것보다 더 많은 풍족함, 노동과 관계없는 곳에서 오는 수입 등 지금까지 생각한 적도 없는 곳으로부터 많은 것이 들어오기 시작합니다.

'녹초가 된 탓에 풍족해질 수 없다.'

'녹초가 된 탓에 여유가 없다.'

'녹초가 된 탓에 행복해질 수 없다.'

이것이 지금까지의 현실이었습니다. 그러나 앞으로는 녹초가 될 때까지 일하지 않고, 다른 사람에게 폐를 끼친다 해도 반드시 자신의 시간을 우선시해야 합니다. 즉, 남보다 자신을 우선시하는 것입니다.

이것이야말로 타인을 우선시하는 '타인 중심'에서 자신을 우선시하는 '자기중심'으로 바꾸는 것입니다.

이는 당신의 세계를 '정반대'로 뒤집는 것과 같습니다. 이제부터는 아이나 남편, 소중한 사람과 함께 즐길 수 있는 일에 시간과 돈을 사용합시다.

그러자면 용기가 필요합니다. 하지만 용기를 내기만 하면, 그 용기가 반드시 풍족함을 불러올 것입니다.

돈이 따르는 엄마의 마음 습관 _____

가난할수록 열심히 일하고 부자일수록 열심히 논다.

열심히 일하면 가난해지고 열심히 놀면 부자가 된다.

지금까지 살아온 세계를 정반대로 뒤집을 용기가 있는가?

여윳돈이
어디에 있는지
찾아라

많은 사람들이 좋아하는 일이나 즐거운 일을 하고 싶어서, 지금 처한 상황에서 벗어나고 싶어서 열심히 일해 돈을 벌려고 합니다.

하지만 혼자 힘으로 열심히 노력하고 성실하게 일했더니 힘이 듭니다. 힘이 드니 하기 싫어지고, 하기 싫어지니 일이 잘 안 풀립니다. 결과적으로, 자신이 진짜 바라던 일과 멀어지고 말았습니다. 그렇다고 해서 이 상황을 바꾸기 위해 또다시 노력하면 안 됩니다.

우리는 열심히 노력해서 얻은 돈이나 고생해서 배운 것이야말로 '훌륭하다', '가치가 있다', '학문이 깊다'고 생각하는 경향이 있습니다.

그렇다면, 원래 갖고 있는 재능은 어떻게 되는 것일까요?

사람들은 애초에 할 수 있는 일, 어렵지 않게 할 수 있는 일, 즐거운 일을 쓸모없다고 생각합니다. 그래서 가치를 느끼지 못합니다.

고생하고 노력하며 고민하고 괴로워해서 얻어야 가치가 있다는 사고방식에서 빨리 빠져나와야 합니다. 좋아하는 일, 즐거운 일, 하고 싶은 일을 편하게 즐기면서 자유롭게 손에 넣어도 됩니다.

물론 고생에는 고생을 통한 배움이 있고 노력에는 노력의 가치가 있지만, 당신은 그것을 이미 충분히 경험했습니다.

이제, 즐거운 일에 사용하는 돈은 노력하지 않아도 얻을 수 있습니다.

어떻게 얻을 수 있을까요? 부모나 가족에게 부탁해서 돈을 받거나, 저금을 찾거나, 보너스를 전부 사용하면 될까요?

좋아하는 일을 하는 것이므로 '고생'이나 '노력'의 냄새가 나지 않는 돈을 사용하는 것입니다.

부모나 가족이 돈을 주지 않는다, 저금을 찾으면 혼난다, 보너스를 저금하지 않으면 잔소리를 듣는다고, 이런 것이 무섭다면 당신은 어느새 '노력으로 도망치고' 맙니다.

이런 식으로 지금까지 자신을 희생만 하지 않았나요?

그렇게 해야 '안전'하다고 느끼지 않았나요?

그러나 아무리 열심히 노력해서 돈을 모아 봐도 좀처럼 변화가 생기지 않습니다.

그렇다면 과감하게 부탁해 봅시다. 가장 부탁하기 어렵다고 생각하는 사람에게, 가장 부탁하고 싶지 않은 사람에게. 의외로 돈을 줄지도 모릅니다.

돈을 받지 못하면 자신의 저금을 사용합시다. 아깝게 생각하지 마세요. 저금이 없는 사람은 돈을 빌려 보세요.

노력하지 않고 '있는 돈'으로 풍족함을 순환시키는 것이 중요합니다.

돈이 따르는 엄마의 마음 습관 _____

'있는 돈'은 굳이 내 힘으로 번 돈이 아니어도 된다.
부모의 돈이든, 저축이든, 보너스이든 편한 마음으로 사용하면 된다.
그러니 굳이 노력할 필요가 없다.

돈을 못 쓰게 하는
사람과
멀어진다

돈에 휘둘리는 세계에 살다 보면 돈을 쓰려고 할 때마다 반드시 방해를 받습니다. 이것은 거의 예외가 없다고 해도 좋습니다.

가장 큰 방해 요소는 '자기 자신'입니다.

돈이 '없다'는 불안과 공포가 '돈을 사용하면 안 된다', '돈을 모아놓지 않으면 큰일 난다', '만일의 경우에 돈이 없으면 어떡하지?' 하고 당신을 위협합니다.

그 결과, 돈은 순환시켜야 들어오는데도 열심히 자신만의 저수지를 만들어서 돈을 모으려고 합니다. 하지만 그렇게 하면 돈은 점점 더 줄어들기만 합니다.

우선 돈을 사용하면 안 된다는 자신의 '대전제'와 싸우기 바랍니다.

두 번째로 큰 방해 요소는 '타인'입니다.

당신이 겨우 돈을 대하는 '본연의 자세'를 깨달아서 돈을 여유 있게 순환시키려고 하자마자 옆에서 말참견을 합니다.

"고코로야한테 속은 거 아냐?"

"돈을 마구 쓰라니, 그건 부자들이나 하는 소리지."

"만일의 경우를 위해서 돈을 낭비하면 안 돼."

하지만 잘 생각해 보세요.

그렇게 말하는 사람은 당신과 똑같이 '돈이 없는 세계'에 살고 있지 않나요?

돈에 집착하는 사람은 늘 '돈 타령'만 하는 가난한 사람이며, 그런 사람과 함께 있으면 돈에 휘둘리는 세계에서 영원히 빠져나올 수 없습니다.

그런 사람과는 하루 빨리 관계를 끊기 바랍니다.

"뭔지 모르는 일에 돈을 쓰다니 믿을 수 없어."

"그런 식으로 사용하면 벌 받아."

"낭비하는 사람과 친구가 될 수 없어."

"당신의 금전 감각은 잘못됐어."

돈에 휘둘리지 않으려면

누군가가 그렇게 말하면 "내가 쓰고 싶어서 그래"라고 말해 줍시다. 그리고 당신을 뒷받침해 주며 '풍족한 세계'에 사는 사람과 어울리세요.

그런 사람은 당신에게 이렇게 말합니다.

"하고 싶은 일에 돈을 쓰면 좋잖아?"

"의미 없는 일에 돈을 쓰면 재미있어."

"네가 쓰고 싶다면 그걸로 충분해."

그렇게 하면 돈에 휘둘리는 세계에서 졸업할 수 있습니다.

돈은 순환시키지 않으면 부패합니다. 돈을 가장 많이 낭비하는 사람은 사실 돈을 쓰지 않거나 다른 사람이 돈을 쓰려고 할 때 방해하는 사람입니다.

돈이 따르는 엄마의 마음 습관 _____

항상 돈에 쪼들리는 사람은 당신에게 이렇게 말한다.

"돈을 그렇게 함부로 쓰면 안 돼!"

평생 돈에 구애받지 않는 사람은 당신에게 이렇게 말한다.

"하고 싶은 일에 쓰는 거면 됐지!"

가족 때문에,
돈 때문이라고
핑계대지 않는다

'정말로 하고 싶은 일이 있다.'

'배우고 싶은 일이 있다.'

'해 보고 싶은 일이 있다.'

'갖고 싶은 물건이 있다.'

'사고 싶은 물건이 있다.'

하지만

'돈이 없어서 안 된다.'

'가족이 허락해 주지 않아서 안 된다.'

'몸이 약해서 안 된다.'

'장소가 멀어서 안 된다.'

'회사를 쉴 수 없어서 안 된다.'

'없어서' 할 수 없는 것 천지입니다.

그런 사람은 눈앞에 도와주는 사람이 나타나거나 병이 낫거나 복권에 당첨되더라도 다른 이유를 찾아서 하고 싶은 일을 시도하지 않습니다.

'없어서' 하지 않는 것이 아니라 '하지 않으니까 없다고 여기는 것'입니다.

'없어서' 안 되는 것이 아니라 '안 된다'고 결정했기 때문에 '없다고 여기는 것'입니다.

아닙니다. 반대예요. 몇 번이고 말하겠습니다. 정반대입니다.

돈이 들어오면 하는 것이 아닙니다. 한다고 '결정'하면 '알 수 없는 곳에서' 돈이 들어옵니다.

그러므로 먼저 결정하기 바랍니다. '했으면 좋겠다'고 바라지 말고, 먼저 '결정'하세요. 돈이 없어도 하겠다고 '결정'하는 것입니다.

한다는 마음이 지금의 나를 만든다

고코로야 상담 교실을 졸업한 어느 여성은 돈도 없고 아이도 걱정되고 몸도 약해 집 밖으로 나올 수 없었습니다. 그래도 '하겠다'고 결정하고 교토까지 찾아와 고코로야 상담 교실의 세미나를 수강하여 지금은 심리상담사로 활약하고 있습니다.

'어차피 나는 안 돼'라고 함부로 포기하지 마세요.

할 수 없는 이유는 돈이나 가족, 시간, 회사, 장소 때문이 아닙니다.

'어차피 안 된다'고 속으로 비꼬는 자신의 '본연의 자세', '상식'이 문제입니다.

자신을 비꼬면, 하고 싶은 일을 할 수 있는 힘이 흐르지 않으며, 하고 싶은 일을 '하고 싶다'고 말할 수 없습니다. 그러는 동안, 하고 싶은 일이 무엇이었는지 잊어버리고 "하고 싶은 일이 없습니다"라고 말합니다.

따라서 하고 싶은 일이 있다면 먼저 '하겠다'고 결정합시다.

결정한 후에는 포기하면 안 됩니다. 포기하지 않으면 반드시 길이 열립니다.

돈이 따르는 엄마의 마음 습관 _____

하고 싶은 것을 할 수 없는 이유는
돈이나 가족, 시간, 회사, 장소 때문이 아니다.
'어차피 안 된다'고 속으로 비꼬는 자신의 사고방식이 진짜 이유다.
그러니 먼저 '하겠다'고 결정하라.

돈이 없다고
생각될 때일수록
기부하라

　신사 미션은 고코로야 상담 교실의 회원들 사이에서 상식으로 통하는 일입니다. 이는 신사의 복전함에 10만 원을 넣는 미션인데, 가급적 인적이 없고 쇠퇴한 신사를 선택합니다(대형 신사만 있을 때는 그곳에서 미션을 수행해도 상관없습니다).

　금액은 10만 원이 기본입니다. 물론 그 이상을 넣어도 좋습니다. 지금까지 자신이 살아온 인생에 대한 감사의 뜻을 나타낸다고 생각한다면 얼마가 적당한지 그 금액을 기준으로 삼으면 됩니다.

　신사가 싫은 사람은 교회나 절에서 해도 상관없습니다. 단, 어느 쪽이든 보상을 기대할 수 없는 곳이 좋습니다.

이런 일을 하는 이유가 무엇일까요?

아무 의미도 없고, 아무런 보상도 없으며, 아무리 생각해 봐도 손해 보는 일에 돈을 쓰는 것이 목적입니다. 최대한 쇠퇴한 곳을 선택한 것도 되돌려 받을 이익이 없을 법한 곳이기 때문입니다.

돈은 없어도 그만이라는 생각에서 풍족해진다

'10만 원이나 복전함에 넣으라고? 그것도 다 쓰러져 가는 신사에?'

'말도 안 돼! 그런 의미 없고 쓸모없고 손해 보는 일에 10만 원씩이나 낼 수 없어!'

이렇게 생각한 사람이 있습니까?

이런 사람은 좋게 말하면 '돈을 소중히 여기는' 사람입니다. 하지만 나쁘게 말하면 자신이 손해 보고 싶지 않을 뿐입니다. 복전함에 겨우 10원을 넣으면서 이것저것 바라기만 할 사람입니다.

그런 '본연의 자세'를 무너뜨리는 것이 바로 신사 미션의 목적입니다.

"10만 원이 없습니다."

"그렇게 큰돈을 기부할 수 없습니다."

"10만 원이나 기부하면 생활비가 부족합니다."

이렇게 이야기하는 사람도 있겠지요? 아마도 많을 것입니다.

하지만 돈을 내 보세요. 돈이 '있어서' 내는 것이 아니라 '없지만' 내는 것입니다. 그렇게 하면 '풍족함'이 찾아옵니다.

돈은 '있어서' 내는 것이 아니라 '없어도' 내겠다고 결심하면 자신의 예상을 훨씬 초월한 곳에서 돈과 풍족함이 생각지도 못한 방법으로 들어온다는 사실을 빨리 경험하기 바랍니다.

반복해서 말하지만, 제 주위에는 이런 깜짝 놀랄 만한 체험을 한 사람이 수두룩해서 이제는 일일이 헤아릴 수 없을 정도입니다.

일례를 들면, 한 여성이 없는 돈을 몽땅 털어서 10만 원을 신사의 복전함에 넣었습니다. 그랬더니 3일 후, 부티크 매장에서 일하던 그녀는 가방을 사러 온 고객에게서 300만 원짜리 당첨 복권을 받았다고 합니다.

이런 일은 정말로 예상 밖이지 않습니까? 신사 미션의 효과에 대해 저도 이런저런 이야기를 많이 들었지만, 이 여성의 이야기를 듣고 솔직히 정말 깜짝 놀랐습니다.

그래도 이런 일이 현실에 일어납니다. 자신만의 가난한 상식, 기존의 가치관에서 빨리 벗어나야 합니다. 속는 셈치고 해 보세요. '있어서' 내는 것이 아니라 '없어도' 내면 '풍족함'이 찾아올 것입니다.

기부한 돈은 다시 돌아온다

신사 미션은 돈이 없을 때일수록 수행하면 좋습니다. 돈이 없을 때 더 나서서 먼저 주고 풍족함의 순환을 불러들여야 합니다.

하지만 우리는 휴대전화 요금이나 군것질, 술값으로는 돈을 써도, 신사 미션처럼 의미 없는 일에 돈을 내는 것을 무서워합니다. 특히 돈이 없을 때 더욱 그렇습니다. 즉, '실리'에는 돈을 낼 수 있어도 눈에 보이지 않는 것에는 낼 수 없다는 뜻입니다.

잘 생각해 봅시다. 자동차나 옷, 책, 전신미용 등 자신이 원하는 것이 있을 때는 '먼저 돈을 내는' 것이 철칙입니다.

'돈을 내고 싶지 않지만, 갖고 싶다.'

'갖고 싶지만, 돈을 내고 싶지 않다.'

이런 생각은 커다란 모순입니다.

'다른 사람이 친절하게 대해 주길 바라지만, 다른 사람을 친절하게 대하고 싶지 않다.'

'다른 사람에게 돈을 받고 싶지만, 다른 사람에게 돈을 주고 싶지 않다.'

'다른 사람에게 인정받고 싶지만, 다른 사람을 인정하고 싶지 않다.'

먼저 돈을 내고 싶지 않지만 먼저 갖고는 싶다는 큰 모순을 빨리 깨닫기 바랍니다. 돈이 없는 사람일수록 먼저 주고 먼저 내도록 합시다.

그렇지만 자신을 희생하라는 뜻이 아닙니다. 실제로 돈이 '있다'는 사실을 깨달아야 한다고 말하는 것일 뿐입니다(신사 미션은 자신만 참으면 원만하게 해결된다는 희생정신을 가진 사람은 반대로 안 하는 편이 좋습니다).

신사 미션은 돈이 '있다'는 사실을 깨닫는 계기가 됩니다.

5장
"돈에 구애받지 않는 엄마가 행복하다"

네, 정말 있습니다. '있지만' 내놓고 싶지 않을 뿐입니다. 돈을 내면 없어진다고 생각할 뿐입니다. 사실은 돈을 내면 다시 들어오는데도 말이죠.

돈이 따르는 엄마의 마음 습관 _____

원하는 것을 얻으려면 먼저 돈을 내는 것이 철칙이다.

그러니 원하는 것을 얻으려면 돈 내는 연습을 하라.

돈이 없어도 '있다'는 것을 깨닫고 돈을 내라.

'부모님의 눈'
으로부터
자유로워져라

'어머니는 행복했다'고 말해 봅시다.

이게 돈이 들어오는 습관과 무슨 관계가 있는지 의아해하는 사람도 많을 테지만, 관계가 매우 깊습니다.

돈에 대한 부정적인 생각이나 가치관은 자라 온 환경과 배워 온 것, 보고 들은 경험으로 형성됩니다. 부모님은 대부분의 일에 관여합니다. 당신이 돈을 대하는 '본연의 자세'가 대체로 부모님에 의해 형성되었다고 해도 과언이 아닙니다.

'돈은 땀을 흘려 가며 벌어야 한다', '노력한 만큼 풍족해질 수 있다', '편하게 돈을 버는 일은 옳지 않다' 등 돈에 대한 부모님의 가치관이 당신의 법률, 즉 '대전제'로서 몸에 배어 있습니다. 또 어른이 된 지금까지도 그 대전제를 질질 끌며 살아가고 있습니다.

그러므로 일단은 부모님에게 배운 돈에 대한 부정적인 가치관과 법률을 바꿔야 합니다.

부모님에게 드는 죄책감을 떨쳐야 하는 이유

부모님이 만든 법률로부터 자유로워질 기회는 누구에게나 한 번은 있습니다.

바로 반항기입니다. 반항기를 제대로 거친 사람은 부모님의 가치관을 거부할 수 있으므로 부모님을 따르지 않아도 죄책감을 느끼지 않고 자유롭게 살아갈 수 있습니다.

하지만 반항기를 제대로 거치지 않은 사람은 부모님의 말에 매여서 어른이 되어도 '남의 눈'을 신경 쓰며 살아갑니다. '남의 눈'이 걸리는 것은 남의 눈이 아니라 사실은 '부모님의 눈'이 신경 쓰이는 것입니다. 부모님의 말을 듣지 않는 자신을 벌주면서 항상 죄책감 속에서 살아가게 됩니다.

제 친구 중에도 반항기를 제대로 거치지 않은 사람이 있는데, 그는 항상 부모님에게 죄책감을 느껴 왔습니다.

그런 사람들의 공통점은 어머니를 불쌍하게 여긴다는 점입니다. 그 친구 역시 어머니를 불쌍히 여겨서 어머니가 한숨 쉬는 것을 굉장히 싫어했다고 합니다.

친구가 추석 때 고향에 내려갔더니 무덤이 깨끗하게 청소되어 있었는데, 어머니가 한숨을 쉬면서 "나 혼자서 청소했다"고 말했다고 합니다. 그 말을 듣고 그는 죄책감을 견딜 수 없어서 일이 아무리 바빠도 추석이나 설날 등 명절에는 반드시 본가로 내려갔습니다.

그러나 그런 마음으로 고향에 가면 의무감만 가득 차서 조금도 즐겁지 않았습니다. 즐겁지 않으니 사소한 일로 어머니와 싸우게 되고, 그럴수록 죄책감은 더욱더 커져만 갔습니다.

반항기를 제대로 거치지 않아서 부모님의 눈이 신경 쓰이는 사람은 부모님이 만든 악순환의 고리 위에 놓여 있는 탓에 늘 '나는 나쁜 아이다', '인정받지 못한 아이다'라는 죄의식을 갖고 있습니다.

그리고 돈에 대해서도 죄책감을 느낍니다. 돈에 대해 부정적인 '본연의 자세'를 취해서 돈에게 미움을 받아 풍족해질 수 없습니다.

죄책감을 해소하고 부모님의 지배로부터 자유로워질 수 있는 방법 두 가지가 있습니다.

첫 번째는 '부모님은 불쌍하지 않았다'고 자신에게 말해 보는 것입니다.

죄책감은 '부모님에게 미움받고 싶지 않다. 하지만 부모님의 기대에 부응할 수 없다', '내가 부모님께 고생을 시킨다'는 생각에서 비롯되는데, 이는 오해에 불과합니다.

그러므로 '나는 아무것도 안 해도 가치가 있다', '나에게는 부모님을 행복하게 해야 할 의무가 없다', '나에게는 죄가 없다', '부모님이 불행한 것과 나의 존재는 관계가 없다', '부모님은 행복했다'라고 자기 스스로 인정합시다.

자신을 인정해서 '존재급'을 높이면 풍족함이 돌아옵니다.

죄책감을 해소하고 '부모님의 눈'으로부터 자유로워질 수 있는 두 번째 방법은 반항기를 다시 거치는 것입니다.

'부모님의 말을 거스른다.'

'부모님에게 차갑게 대한다.'

'부모님에게 효도하겠다고 생각하지 않는다.'

자립하고자 하는 무언의 표현을 하라

자녀가 자립하고 나서 가장 쉽게 할 수 있는 말은 '노친네'입니다.

부모님에게 '노친네'라고 말할 수 있다는 것은 아주 극적인 변화입니다. '노친네'라고 말한 시점에서 부모님과 부모님의 가치관을 부정한 것이기 때문입니다.

당신이 반항기를 제대로 거치지 않았다고 느낀다면 부모님에게 '노친네'라고 해 보면 어떨까요?

한 번만으로는 충격이 약하므로 세 번 정도 반복해서 말해 보세요.

하지만 갑자기 그렇게 말하면 "무슨 말이야!?"라며 부모님이 깜짝 놀라실 테니 혼자 있을 때 소리 내서 말해 봅시다.

세상 사람들의 시선이 걸려서 하고 싶은 일을 할 수 없거나 자신을 인정할 수 없다고 느끼는 것은 '부모님의 눈'을 신경 쓰며 살아간다는 증거입니다.

그런 것은 더 이상 필요 없으며, '착한 아이'로 지낼 필요도 없습니다. 당신은 이미 성인이므로 당신이 직접 '필요 없다'고 결정하면 됩니다.

그리고 오늘, 지금 당장 부모님을 '노친네'라고 말해 보기 바랍니다.

부모님께 들리지 않을 정도로 혼자서만 살짝 말해 봅시다.

돈이 따르는 엄마의 마음 습관 _____

어머니는 나를 낳으시고 아버지는 나를 키우셨다.

그리고 나에게 부정적인 가치관도 함께 물려주셨다.

이제 나도 컸으니 난 내 생각대로 살겠다.

세금 내는 일에
신경을 곤두세우지
않는다

돈이 없는 사람은 손해 보는 것을 무서워하고 돈을 모으려고만 합니다. 그런 탓에 결국 돈의 순환이 막히고 돈이 점점 더 줄어듭니다.

'손해를 보지 않는다. =돈의 흐름을 막는다.'
'손해를 본다. =돈을 순환시킨다.'

저는 이렇게 생각합니다.

손해를 보는 것이야말로 '돈이 들어오는 사람'이 될 수 있는 최

강의 지름길입니다.

제가 다니던 회사를 관두고 심리상담사가 되었을 때, 샐러리맨에서 개인사업자의 신분이 되었습니다. 샐러리맨과 달리 개인사업자는 자신이 직접 세금 신고를 해야 합니다.

저는 세금을 조금이라도 적게 내고 싶어서(=손해를 보고 싶지 않아서) 눈물겹도록 노력했습니다.

수입이 일정 수준을 초과하면 세율이 확 올라갔기에 그 수준을 넘지 않도록 열심히 매출을 억제하거나 결산 시기가 되면 필요도 없는 물건을 큰맘 먹고 구입하는 등 보잘 것 없는 일을 잔뜩 처리했습니다.

지금 생각하면 정말로 헛된 노력에 지나지 않았습니다.

세금을 기분 좋게 내는 이유

제가 존경하는 사이토 히토리(齋藤一人) 씨는 세금을 기꺼이 낸다는 이야기를 들었습니다. 그것도 아주 적극적으로 세금 내기를 기대하고 있다고 합니다.

그 말을 들은 후부터 저도 쓸데없는 노력을 전부 관두고 진심을 다해 세금을 내겠다고 결심했습니다.

세금이 어떻게 쓰이는지는 내 알 바가 아닙니다. 자신이 낸 돈의 행방까지 일일이 생각하는 것은 의미가 없습니다.

설령 불쌍한 아이에게 돈을 기부했다고 해도 정말로 그 아이를 위해 쓰이는지 알 수 없고, 혹시 부정적으로 사용되었다고 해도 어쩔 수 없습니다. 반대로 손해라고 생각한 방법이 다른 사람에게 큰 도움이 되는 경우도 있으니까요.

애초에 자신이 낸 돈이 어떻게 쓰이는지 알 수 없으니 돈을 절대로 아까워하지 말고 계속 내야겠다고 생각했습니다.

제가 세금 신고를 의뢰한 세무사 사무소에서는 다양한 절세 방법에 대해 조언해 줬습니다. 하지만 저는 "이제 됐어요. 계속 낼테니까 절세는 필요 없습니다"라고 선언했습니다.

세무사 사무소의 직원은 불필요한 세금을 내지 않도록 여러 가지 방법을 모색했기에 "정말로 괜찮습니까?"라고 당황해하는 기색이 역력했습니다.

나중에 세무사 사무소의 직원이 말한 대로 현기증이 날 만큼 많은 세금이 청구되었지만, 그래도 기분 좋게 냈습니다.

그랬더니 어떻게 되었을까요?

매출이 계속 올라갔습니다. 일이 줄어들었는데도 말이죠.

손해를 보는 것이 가장 좋은 돈벌이라는 사실을 확실히 깨달았습니다.

손해를 본 일화는 또 있습니다.

고코로야 상담 교실에는 세미나를 수강하여 제가 자격을 인정한 강사들이 있습니다.

그들은 현재 제 이름을 사용해서 개업하고 영업 활동을 하고 있습니다. 제 이름을 사용하기 때문에 일반적으로 생각하면 어느 정도 돈을 받아도 되는 상황입니다.

저도 '돈을 받아야 하지 않나' 잠시 생각해 봤지만, 어차피 돈을 받아도 세금이 나올 테니 오히려 귀찮을 뿐이었습니다. 그래서 "이제 아무것도 필요 없으니까 나머지는 여러분 마음대로 고코로야라는 이름을 사용해서 돈을 많이 벌도록 하세요"라고 했습니다.

즉, 고코로야의 간판과 지명도, 실적, 신용을 공짜로 넘겨줬습니다.

그랬더니 놀라운 일이 벌어졌습니다.

제가 쌓은 '실적'을 넘겨주면 줄수록 강사들이 자유롭게 활약해서 고코로야의 지명도를 올려 주었습니다. 제가 아무것도 하지 않아도 그들 덕분에 책이 팔리고 회원이 늘어서 매출이 점점 올랐습니다.

강사들에게 직접 돈을 받지 않더라도 간접적으로 받고 있는 것과 같습니다.

손해는 풍족함으로 돌아온다

따라서 손해를 보는 것이 가장 좋은 방법입니다.

다른 사람에게 '실적'을 넘겨줄수록 자신에게 '뭔가'가 돌아옵니다.

풍족함이 두 배, 세 배가 되어 돌아옵니다.

신사 미션에서도 '눈에 보이는 형태'로 돌아오지는 않았지만 '눈에 보이지 않는 존재'에게 보호받은 덕분에 풍족함이 돌아왔습니다.

물론 '손해를 본다'는 사고방식은 일반적인 상식이라고 할 수 없으므로 제 이야기를 믿지 않아도 상관없습니다.

아마 믿기 어렵겠지요?

믿지 않아도 되지만, 역시 믿어야 확실히 행복해집니다.

손해를 보지 말라는 세상의 일반적인 상식을 믿어서 괴로운 생활을 하고 있다면, 차라리 시험 삼아서라도 '정반대의 사고방식'을 믿어 보면 어떨까요?

돈이 따르는 엄마의 마음 습관 _____

손해 보는 것이 두려워서 돈을 꼭꼭 감추면 순환이 멈춘다.

손해를 보더라도 계속 내보내면 어떤 형태로든 더 크게 돌아온다.

'상식'을 뒤집으면 '비상식'이 일어난다.

자기 스스로
'대단하다'고
말하라

자신의 '존재급'을 올리면 풍족함이 찾아옵니다. 또한 자기 자신을 '대단하다'고 인정하면 '존재급'이 올라가서 돈이 들어오는 사람이 될 수 있습니다.

하지만 자기 스스로 '대단하다고' 말하려면 용기가 필요합니다. 무엇보다 부끄러움이 앞서기 때문입니다. 특히 평소 '대단하다'고 인정하지 못한 사람은 대체로 수줍음을 잘 타는 사람이기에 심리적인 저항감이 더 큽니다.

그런 사람은 실패하거나 폐를 끼치거나 남들과 비교하는 것을 창피하게 생각합니다. 칭찬을 받아도 쑥스러워 하고, 다른 사람에게 친절하게 대하는 것조차 부끄럽게 여깁니다.

지하철에서 나이 드신 분에게 자리를 양보하는 일을 부끄러워하지 않습니까? 사실 자리 양보는 아주 훌륭한 행동인데도, 많은 사람들이 부끄럽게 생각합니다. 그러나 잘 생각해 보면 부끄러울 일이 하나도 없습니다.

실패하거나 폐를 끼쳐도, 또는 다른 사람보다 실력이 떨어지거나 월등해도, 그런 일은 그냥 당연한 것입니다. 흔히 있는 일이라서 일부러 웃거나 무시하는 사람은 아무도 없습니다. 단지 부끄럽게 여기는 자신이 있을 뿐입니다.

'대단하다'는 말에는 '감사합니다'라고 한다

저도 처음에는 스스로 '대단하다'고 말하는 것이 몹시 부끄러웠습니다. 스스로 '대단하다'고 생각해야 '대단한 일'이 일어난다는 사실을 알고 있었기에 '나는 대단한 존재라고 믿자'라고 생각했지만, 그래도 역시 부끄러워서 겉으로는 대단하지 않은 척했습니다. 다른 사람에게 '그리 대단하지 않다', '별것 아니다'라는 소리를 들으면 짜증이 났지만, 역시나 스스로 '대단하다'고 말하는 것은 부끄러웠습니다.

대단하다는 것인지, 대단하지 않다는 것인지, 도대체 어느 쪽인지 갈피를 잡지 못하는 상황이 이어졌습니다. 지금에 와서는 얼마나 사람들의 시선을 꺼리고 부끄러워했으면 그랬을까 하는 생각이 듭니다.

그러는 동안 방송 출연 의뢰가 들어오고 책 표지나 띠지에도 제 사진이 실리기 시작했습니다. 당연히 부끄럽다고 생각했습니다. 하지만 미디어 관계자들이 원한다면 나를 마음껏 써 달라는 듯이 흐름에 맡기기로 했습니다. 흐름을 타려고 직접 노를 젓기보다는 있는 그대로 흐름에 몸을 맡겼습니다. 그러자 흐름이 점점 빨라졌습니다.

제가 '부끄럽다'고 여기든 말든 그런 것과는 상관없이 주위 사람들이 '대단하다'고 말해 준 덕분에 제 마음속에서는 '감사합니다'라는 말밖에 나오지 않았습니다. 즉, '감사'가 흘러넘쳤습니다.

그리고 그 '감사합니다'라는 말이 나왔을 때, 저는 부끄러움과 작별하고 확실히 제 자신을 '대단하다'고 생각할 수 있었습니다.

부끄럽다고 생각하는 동안에는 저도 마음이 비꼬이고 위축되었습니다.

'나는 대단한데 아무도 알아주지 않는다.'

'사실은 훌륭한데 이해해 주지 않는다.'

'왜 알아주지 않을까?'

이런 생각으로 주눅이 듭니다.

그렇다면 자기 스스로 자신을 '이해해 주면 된다', '나는 대단하다'고 생각합시다.

그렇게 하면 비꼬이고 위축된 마음이 풀리고 부끄러움도 사라집니다. 또한 주위 사람들과도 쉽게 어울릴 수 있습니다.

무슨 일이 생기면 잘 돕게 되고 자신도 도와달라고 말하기 쉬워져서 도움의 범위가 순식간에 넓어집니다.

도와달라고 말하지 못하는 사람은 도움받으면 보답해야 한다고 생각하기 때문입니다. 그런 생각은 자신이 도움받을 가치가 없다고 여겨서 도움받으면 많은 보답을 해야 한다고 믿는 것에서 비롯됩니다.

그러나 자신을 '대단하다'고 인정하면, 자신에게는 모든 사람의 도움받을 만한 가치가 있으니까 도움받았을 때 '고맙다'는 말만 해도 도와준 사람들을 기쁘게 할 수 있다고 생각할 수 있습니다.

즉, '고맙다'는 말이 나온 시점에서 자신의 대단함을 스스로 인정하게 됩니다. 자신이 정말로 대단한 사람임을 깨닫게 되는 것입니다.

그러므로 부끄러워할 필요가 없습니다. 아니, 부끄러워하든 부끄러워하지 않든, 일단 '대단한' 존재라고 믿으면 그런 흐름이 만들어져 갑니다.

또 남들이 '대단하다'고 말하면 순순히 받아들입시다. 그저 '고맙다'고 말하면 됩니다.

이때 비꼬이거나 부끄러워하는 마음은 필요 없습니다.

비꼬임이나 부끄러움과 무관한 사람이 바로 '돈이 들어오는 사람'입니다.

돈이 따르는 엄마의 마음 습관 _____

스스로 대단하다고 인정하라.

스스로 대단하면 비꼬일 필요도, 부끄러워할 필요도 없다.

비꼬이지 않은 사람, 부끄러워하지 않는 사람이 '돈이 들어오는 사람'이다.

05
평생 돈에
구애받지 않는 법

- '가격'보다 '호불호'로 선택한다. 싸구려만 구입하는 행동은 자신을 소홀히 취급하는 것과 같다.

- 돈이 없어도 '돈이 있다'는 전제하에 행동해 보면 돈이 '있다'는 사실을 깨닫는다.

- '부자라면 어떻게 할까?'라는 기준으로 돈을 사용해 본다.

- 녹초가 될 때까지 일하지 말자. 부자일수록 잘 논다.

- '돈을 열심히 노력해서 모은 후에 사용하는 것'이 아니라 지금까지 가장 부탁하기 어렵다고 생각한 사람에게 돈을 내달라고 부탁해 본다.

- '하고 싶은 일을 하겠다', '갖고 싶은 물건을 구입하겠다'라고 '결정'하면 그 돈이 들어온다.

에필로그

돈은 쓰지 않으면
한낱 종잇조각에 불과하다

저는 제가 쓴 책이 새로 나오면 자비로 3,500권씩 구입해서 고코로야 상담 교실의 Being 트레이닝 회원 모두에게 선물합니다. 계산해 보면, 그것만으로도 초판 분량의 인세가 전부 날아갑니다.

게다가 Being 트레이닝 회원은 제 책을 가장 많이 구입할 법한 사람들입니다. 그래서 그 사람들에게 책을 공짜로 선물한다는 것은 제 책의 매출이 그만큼 떨어진다는 뜻이나 마찬가지입니다.

자비로 책을 구입해서 선물하고 자신의 책 매출을 스스로 떨어뜨린다니, 생각해 보면 참으로 손해 보는 일이 아닐 수 없습니다.

하지만 손해를 보는 것이 풍족해질 수 있는 최고의 지름길입니다.

그렇습니다. 제가 책을 선물하면 신기하게도 결과적으로 책이 점점 더 팔려 나갔습니다. 새로운 독자들이 늘어났기 때문입니다.

손해를 보면 풍족함이 돌아오며, 돈과 공기와 애정도 내놓아야 순환한다는 사실은 우주의 법칙입니다.

돈이 들어오지 않거나 돈에 휘둘리는 사람은 돈을 내지 않기 때문입니다. 돈이 돌아와도 받으려고 하지 않습니다. 단지 그뿐입니다.

돈을 충분히 사용해서 세상에 순환시켜야 합니다.

자신이 좋아하는 일에 쓰면 자기 자신을 기쁘게 합니다.

반대로 누군가에게 돈을 쓰게 해서 그 돈을 받아 주면 기쁨을 줄 수도 있습니다.

돈을 지나치게 아끼면 안 됩니다.

돈의 흐름을 막지 말고 제대로 내놓아야 합니다.

그러니 없어도 냅시다.

그리고 다른 사람에게 돈을 '내게 해서' 그 돈을 확실히 '받아야' 합니다.

'없다'고 확신하지 말고 '있다'는 사실을 깨달읍시다.

그렇게 하면 반드시 '돈이 따르는 사람', '돈에 구애받지 않는 사람'이 될 수 있습니다.

당신은 돈이라는 이름의 풍족함을 당당하게 받아도 됩니다.

그 이유는 '당신이기 때문'입니다.

또한 당당하게 돈을 내도 되고 손해를 봐도 괜찮습니다.

그래도 '줄어들지 않기 때문'입니다.

이 책을 읽은 당신이 돈을 내는 사람, 돈을 순환시키는 사람이 되어 풍족함을 많이 누릴 수 있기를 진심으로 바랍니다.

돈, 돈 하던 내가
돈에서 자유로워진 이유

이 세상에는 돈 때문에 고민하거나 불안해하는 사람이 많을 것이다. 돈이 많고 적음을 떠나서 대부분의 사람들이 늘 돈에 대한 관심과 걱정을 놓지 못하고 산다.

나 역시 돈이 없다는 말을 입에 달고 살 정도로 돈에 대한 불안감을 갖고 있다. 그래서 '지금 돈을 모으지 못하면 늙어서 어떡하지?', '무슨 일을 해야 돈을 많이 벌 수 있을까?' '돈 많은 사람은 좋겠다. 나도 부자가 되고 싶다'라는 생각들이 머릿속을 떠나지 않는다.

서점에 가면 재테크, 투자, 부자의 습관 등 돈과 관련된 서적이

쌓여 있는데, 그것만 봐도 얼마나 많은 사람들이 돈에 관심을 갖고 있는지 알 수 있다. 또 요즘에는 어릴 때부터 부모들이 돈 많은 게 최고라고 부추기는 탓에 초등학생들에게 장래 희망을 물어보면 부자나 건물주 등을 선호할 정도다. 이렇듯 우리의 삶, 아니 우리 사회 자체가 돈에 구애받고 있다고 해도 과언이 아니다.

나는 번역 일을 하고 있기도 해서 금전과 관련된 서적을 제법 많이 읽은 편이다. 그런 책들을 보면 대체로 절약해라, 재테크 기술을 익혀라, 투자해라, 그러면 당신도 부자가 될 수 있다는 식의 내용이 주를 이룬다. 즉, 돈을 많이 벌 수 있는 구체적인 방법을 알려 주는 책이 수두룩하다. 그런데 이 책에서는 일반적인 방법론이 아니라 어쩌면 기본 중에 기본이라 할 수 있는 마음의 자세를 전환하는 방법에 대해서 설명한다.

사실 이 책을 번역하면서 처음에는 이제껏 생각지도 못한 방법들만 나열되어 있었기에 저자가 심히 의심스러웠다. 돈을 많이 벌고 싶으면 그만큼 쓰라고 하질 않나, 또 고생하지 않고 놀기만 해도 돈을 얻을 수 있으므로 굳이 노력할 필요가 없다고 하니 황당 그 자체였다. 하지만 읽다 보니 무릎을 탁 칠 정도의 깨달음이 있었다.

저자의 말에 의하면, 돈에 대해 부정적인 가치관을 갖고 있는 사람에게는 돈이 모이지 않는다고 한다. 돈을 부정적으로 생각하는 사람의 경우, 돈을 쓰면 쓴 만큼 다시 돌아오지 않으면 어떡하나 불안해서 돈을 모을 생각만 한다고 하는데, 잘 생각해 보니 나 또한 그런 사람 중 하나였다. 사고 싶은 물건이 비싸다는 이유로 값싼 유사 상품을 샀다가 쉽게 망가져서 오히려 돈을 더 쓰게 되는 일이 허다한데도 그런 사고방식을 쉽사리 바꾸지 못했다.

이 책을 통해 내가 얼마나 돈으로부터 자유롭지 못했는지 새삼 느꼈다. 특히 나 같은 사람들이 돈 자체보다 돈이 많을 때의 안도감을 가장 원한다는 저자의 말에 크게 공감했다.

과연 우리는 자신의 가치를 얼마나 높이 인정할까? 남들은 어떤지 모르겠지만, 나는 스스로의 가치를 아직까지 제대로 평가하지 못하고 있음을 절실히 깨달았다. 아마 이 책을 읽어야겠다고 생각한 사람들 중에도 나처럼 생각하는 사람이 적지 않을 것이다. 이 책은 우리에게 자신의 가치에 대한 소중함을 깨닫고 돈에 대한 사고방식을 전환하는 계기를 마련해 준다.

돈 버는 방법을 구체적으로 원한 사람은 이 책을 읽고 아쉽게 느낄 수도 있다. 그러나 마냥 뜬구름 잡는 내용은 절대 아니다.

누구나 돈으로부터 자유롭고 싶은 마음이 있을 텐데, 마음의 자세, 즉 돈에 대한 가치관을 바꾸기만 하면 돈이 저절로 다가온다는 저자의 말을 믿어 본다고 해서 손해 볼 일도 없다고 생각한다.

개인적으로는 이 책을 번역한 후부터 돈이 없다는 말을 되도록 입 밖에 내지 않으려고 조심하고 있다. 그 덕분인지는 몰라도 이전보다 돈을 벌 기회가 더 생긴 듯하고 뭔가 심리적으로 안정이 되어서 앞으로도 꾸준히 실천할 생각이다.

이 책을 읽는 독자 여러분도 시험 삼아서라도 일단 돈에 대한 부정적인 생각을 버려 보는 것이 어떨까? 돈을 쓰면 반드시 돌아온다고 믿는 사고방식이 우리를 돈에 구애받지 않고 자유롭게 사는 인생에 한 발 다가갈 수 있도록 도와 줄 것이다.

옮긴이의 말
돈, 돈 하던 내가 돈에서 자유로워진 이유

평생 돈에 구애받지 않는 법

돈이 따르는 엄마
돈에 쫓기는 엄마

인쇄일 2021년 8월 26일
발행일 2021년 9월 9일

지은이 고코로야 진노스케
옮긴이 김한나
펴낸이 유경민 노종한
기획마케팅 1팀 우현권 **2팀** 정세림 금슬기 최지원 현나래
기획편집 1팀 이현정 임지연 **2팀** 김형욱 박익비 **라이프팀** 박지혜
책임편집 박지혜
디자인 남다희 홍진기
펴낸곳 유노북스
등록번호 제2019-000256호
주소 서울시 마포구 월드컵로20길 5, 4층
전화 02-323-7763 **팩스** 02-323-7764 **이메일** uknowbooks@naver.com

ISBN 979-11-91104-20-2 (03320)